フィールドワーク選書 15

印東道子・白川千尋・関 雄二 編

言葉から文化を読む

アラビアンナイトの言語世界

西尾哲夫 著

臨川書店

目次

はじめに　アラブ世界でのフィールドワーク

後になってみると、思っていたよりもはるかに深い影響を受けることになったできごとがある。一九××年○○月。エルサレム随一の繁華街ベンイェフダー通りの入り口でタクシーを降りたわたしは、ドライバーとひと悶着をおこした。小金持ちの日本人観光客だと思って、例によって運賃をふっかけてきたからだ。イスラエルにはアラブ系の住民も多い。このドライバーもアラブ系だった。当然ながらアラビア語でまくしたててくる。だが、こちらも留学生時代以来のカイロ暮らしでつちかったタクシー交渉術を駆使して応戦し、アラビア語で猛然と言いかえした。

五分もたっただろうか。ドライバーは、口論をしかけるおかしな日本人に根負けしたのだろう。正当な運賃にチップをうわのせすることで話がまとまった。支払いをすませ握手をかわして別れたその瞬間、すさまじい音がベンイェフダー通りの方から聞こえてきた。何かが爆発したらしい。

すぐに一帯は封鎖され、パトカーや救急車がかけつけてきた。しばらくすると、屋根に大きなパラボラアンテナをつけたCNNの車がやってきて、現場中継が始まった。ベンイェフダー通りの反対側にあるホテルまでたどりつくと、わたしの顔を見つけたホテルのスタッフが抱きつかんばかりに喜んでいる。ちょうどこの時間にホテルにもどってくるのが日課になっていたから、もしやと思って気をもんでいたそうだ。運賃をふっかけてきたあのタクシードライバーのおかげで、いのちびろいをしたことになる。

イスラエル滞在中にお世話になっていたヘブライ大学のアムノン・シロア先生も、すぐに電話で安否をたずねてきた。夕方になって少しおちつきをとりもどしたベンイェフダー通りの方に行ってみると、爆発のあとは生々しいものの、あたりはかたづけられて人びとの往来がもどっていた。こういう日常とむきあいながら暮らしているイスラエルの人びとの強靭さには心底驚いた。だがそれ以上に、アラブとユダヤという集団間のにくしみが、どうして自爆というひとりの人間の自己否定による行為に帰結しなくてはならなかったのだろうという疑問のほうが大きかった。そしてこの疑問が湧いてくる心の奥底には、熾火《おきび》のような怒りの感情があった。

当時わたしは、国立民族学博物館（以下、民博）に勤務する教員に課せられた業務として、民族資料の収集のためにイスラエルに滞在していた。このときの収集品は、同博物館内の西アジア展示場にある「中東で誕生した三つの一神教（ユダヤ教、キリスト教、イスラーム）」のコーナーに展示してある。そこにならんだユダヤ教のトーラー（律法書）を見るたびに、事件の記憶が鮮明によみがえる。

二〇一三年に、二十年来の研究テーマをまとめた『ヴェニスの商人の異人論』（みすず書房）という書籍を出版した。同書では自己否定という極限状況での他者とのコミュニケーションのあり方について、アラブやユダヤというふたつの民族をめぐる歴史的文脈の中ではなく、民族と人間の文化

写真１　国立民族学博物館の西アジア展示。2009年にリニューアルし、信仰、沙漠の生活、女性の装い、音楽と芸能をテーマに紹介している。

の関係をめぐるより普遍的な観点からの考察をこころみている。

もちろんわたしはシェイクスピア研究者ではない。たいした理由もなくアラビア語を学びはじめ、たまたま最初の海外調査地であるエジプトのシナイ半島でジバーリ部族という遊牧民とであい、さらにたまたまシェイクスピアの『ヴェニスの商人』とよく似た民話を聞きとっただけだ。世間ではアラビアンナイトの研究者と思われているようだが、アラビアンナイト研究を始めたのも偶然だった。ベリーダンスの研究にしても偶然のであいがきっかけだった。

わたしの学問人生はごくつつましやかなものだが、それでも予想外の展開を通じて思いがけぬであいを経験し、思いがけぬ「気づき」を得ることは人生にはいくらでもある。現地で遊牧民と接していると、言語学で学んできた理論で

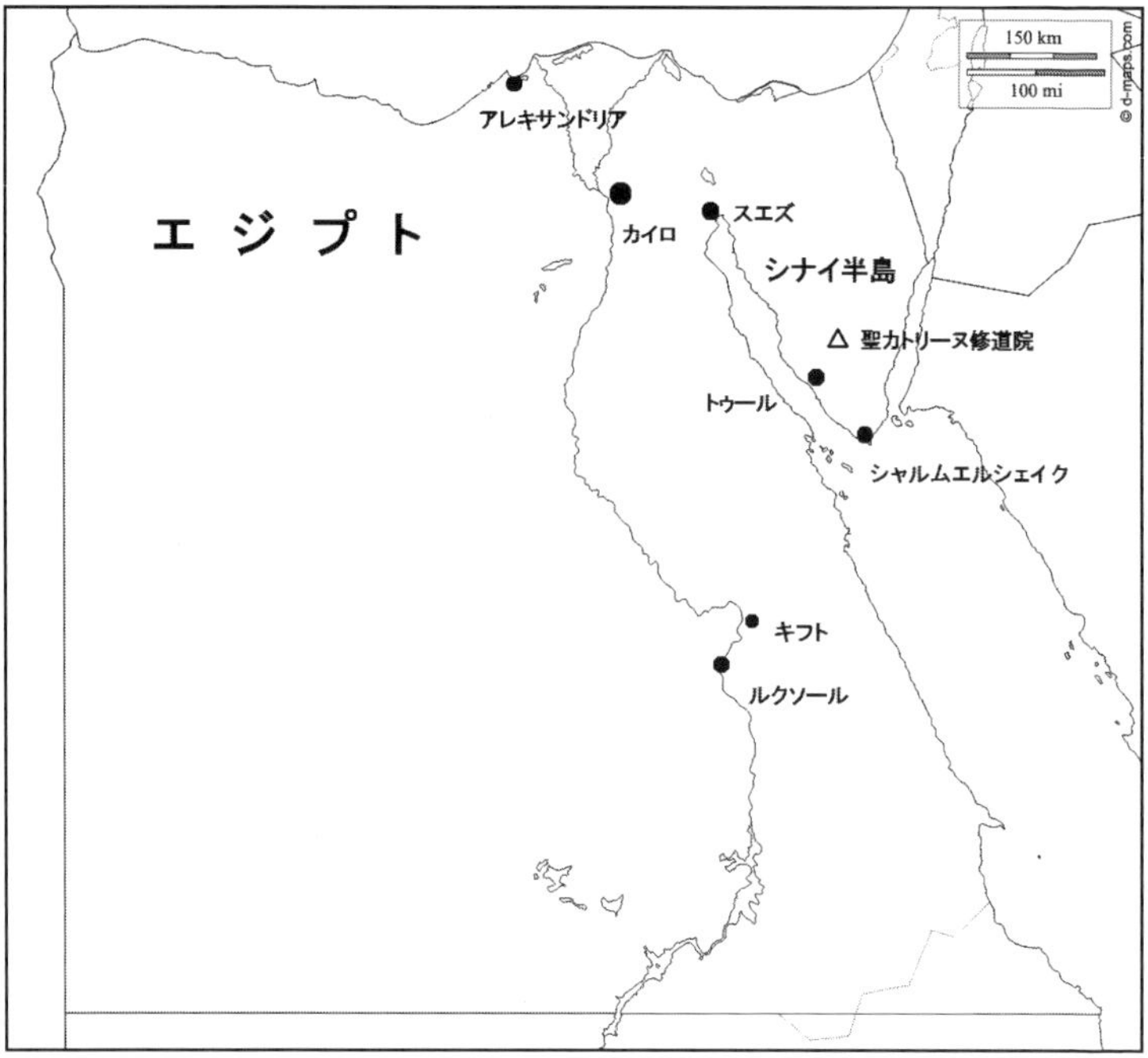

図1　エジプトおよびシナイ半島。地名等の表記は現地での発音どおりではなく、日本語で定着している表記にあわせてある。

は説明できない現象が次々と出てくる。そのような現象を自分なりに解釈し、説明していく過程の積み重ねが新しい視界を開いてくれるのだ。

わたしは大学でアラビア語を学んだ後、大学院で言語学を研究した。その後はアラブ遊牧民の言語文化に関する言語人類学的研究、さらにアラビアンナイトをめぐる比較文明学的研究へと学問領域をひろげながら、言語と文化の境域から他者とはなにか、人が人と理解しあうとはどういうことかを考えつづけてきた。そしてその過程では、等身大の人びとが常に新しい道を示してくれた。

研究会や講演会で初めて会った人から、「アラブ遊牧民の本を書かれたのと同じ先生ですか?」とか「アラビアンナイトの研究がご専門と思っていましたが、ベリーダンスの研究もされているのですか!」と驚かれることが少なくない。また、「最近どんな本を出されましたか?」と尋ねられて、「シェイクスピア関係の本です」と答えると、ほとんどの人が怪訝な顔をする。本人としては場当たりに研究を続けてきたわけではなく、それぞれの研究に連続性があると思っているのだが世間の評価はそうでもないらしい。

本書では、フィールドワークの現場での等身大の人びととのであいを通じて、自分が何を感じ何を考えどのように導かれてきたかという視点から、これまでの研究をふり返ってみようと思う。

第一章　カイロの日本人留学生――アラビア語が通じない！

語学への興味

入り口で受験番号の教室を聞き、所定の席に座る。前を見ても左右を見ても二十歳前後の学生ばかりだ。わたしと同年配かそれより上の人たちもいるようだが、どうにも場違い感を否めない。

ここはフランス語検定の試験会場。試験を受けるのは大学院の入試以来だから三十年ぶりになる。海外調査でフランス語圏を何度も訪れてきたが、フランス語の達者な同行者に恵まれたこともあり、フランス語はまるで身につかなかった。ストレス解消の目的もあってフランス語の学習を開始し、仏検二級合格という目標をたてた。とりあえずは三級の突破だ。となりの席にすわっている女子大生に声をかけてみた。

「大学生ですか？」

「そうですが（それが何か？）」という答え。「何なの、この人？」という心の声が聞こえてくる。

「フランス語の学生ですか？」

「〇〇大学の学生ですが（それが何か？）」

「三級ってむずかしいんですか？」

「第二外国語で二年間学んだ程度ということですが（それが何か？）」などということを話しているうちに開始のチャイムが鳴った。三級試験は余裕で突破したが、その後、耳と目を悪くしたこともあり二級試験はまだ受けていない。

わたしは語学が好きだ。無心に単語を暗記し、文法問題を解いていると、毎日少しずつだが自分が進歩している気になれる。何よりも雑事を忘れて没頭できる時間がありがたい。とは言うものの、これまで両手両足の指で数えられるよりも多くの言語を勉強してきたが、口げんかができて研究書が読めてさらには論文を書けるほどのレベルに到達できたのは英語とアラビア語だけだったから、語学の才もたかがしれているのだろう。

わたしは大学でアラビア語を学んだ。このように書くと、「ああ、この人は若いころからアラビア語やアラブ世界に興味があったのだな。さだめし、映画『アラビアのロレンス』にかぶれたのか、あるいはどこかでこっそりと成人向けのアラビアンナイトを読んでミステリアスでエロチックなアラブ世界にあこがれたのだろう」と思う人がいるかもしれない。断言するが、どちらの推測も完全にはずれている。

いうまでもないことだが、大多数の日本人にとってアラビア語は超難解なことばのひとつだ。四苦八苦してアラビア語を学んでいるのは、日本人の大学生だけではない。アメリカ国務省の外務職員局では習得対象の言語を難度別にランキングしており、アラビア語は「カテゴリーⅢ」、つまり「英語のネイティブスピーカーにとって（習得が）きわめて困難な言語」となっている。ただし、このカテゴリーⅢには北京語や広東語とならんで日本語や韓国語も含まれている。要は、母語との違いが大きい言語ほど習得がむずかしいというわけだ。ちなみに外務職員局によると、カテゴリーⅢの言語を使いこなすには二二〇〇時間におよぶ授業が必要ということになっている。

アメリカ人にとっても日本人にとっても超難解なアラビア語はセム語族に属しており、ヘブライ語とは兄弟分だ。一般的な日本人に多少ともなじみのある英語、ドイツ語、フランス語などはインド・ヨーロッパ語族に属しており、セム語族のことばとは基本的な構造がまったく異なっている。

アラビア語学習の困難さはまだまだ続く。アラブ世界で使われているアラビア語はひとつではないからだ。わかりやすくいうと、アラビア語にはフスハーとアーンミーヤのふたつがある。フスハーは書きことばであり、書籍、新聞、雑誌などで用いられる。教養あるアラブ人たるもの、フスハーを習得していなければならない（ということになっている）。したがってニュースのアナウンサーは、フスハーで原稿を読む。ただし、興奮してくるとその限りではない。

一方、日常の会話ではアーンミーヤが使われる。ところがこのアーンミーヤは国や地方、さらには出身部族によってかなり異なっている。つまり、日本でフスハーの文法書を丸暗記するほど勉強したとしても、現地ではほとんど使いものにならないと思ってよい。

こうしてアラビア語と言語学の勉強を進めていくうち、大学四年生のときにカイロへの留学が決まった。

写真２　カイロ大学の正門。留学当時、開設まもない日本語学科があり、日本語を教えるかわりにアラビア語のアーンミーヤを教えてもらった。今では彼らが日本語学科の教授となったり、アラブ世界の他の大学で教鞭をとったりしている。

カイロの留学生活

留学生活の大半をすごしたのは、カイロ大学にも近いドッキという地区だった。当時は新興の中流層が多く住んでおり、比較的穏やかな場所だった。生まれて初めての海外生活だった。さらに言うと、生まれて初めてのアーンミーヤ経験だった。大学で学んだアラビア語はフスハーだけだったからだ。今でこそエジプト方言についての学習書が流通しているが、一九七〇年代の日本ではアーンミーヤを学ぶ方法は皆無に等しかった。

当然ながらことばがまったくわからない。謙遜ではなく本当にさっぱりわからない。さすがに書いてあるアラビア語はわかる。先生や学生とはたどたどしいフスハーを使えば、何となく意思疎通はできる。それでも一応は留学生だから、カイロ大学文学部のアラビア語言語学の講座をとり、超有名なヒガージー先生の授業に出席することにした。最初の授業が始まると、先生は留学生のことを心配してか、かなりゆっくりと授業をしてくれた。もちろん、何を言っているのかまったく理解できない。

こうなったら急いで家庭教師をさがさなくてはならない。そこでカイロ大学の学生を紹介してもらい、個人的にアーンミーヤを習うことにした。フスハーはある程度読めるようになっていたから、フスハーの単語に対応するアーンミーヤの単語を教えてもらいながら、日常会話の練習をした。今にして思えばこのときの経験は、後年、シナイ半島でアラブ遊牧民の方言調査をしたときの予行演習ともなった。

カイロ留学時代で忘れられない体験はいくつかある。ただし、「異文化との接触を通じて新たな文明論的知見にいたる」などという壮大なものではまったくない。一番よくおぼえているのは、カイロの裏町で野良犬に追いかけられて死ぬかと思ったときのことだ。これは本当に怖かった。犬が大きいからというのではない。小さな犬もいる。ただし群れで追いかけてくる。そもそも犬も怖いが、狂犬病がもっと怖い。夜になるとパンパンと乾いた音がする。何かと思えば、軍隊か警察が野良犬を撃っていたらしい。日本では考えられないことだが、狂犬病のリスクを思えばいたしかたのない対策だったのだろう。

病気にもいっぱいかかった。一番苦しんだのは、急性の胃腸炎にかかったときのことだ。どこかのパーティですすめられたケーキが原因だったらしい。一緒にいた日本人の知人は辞して食べなかった。何という賢明な判断だろう。当然ながら地元のカイロっ子は何を食べても平気らしい。このときのパーティでわたし以外の誰かが病気になったとは聞かなかった。

タクシーの運転手ともいっぱい口げんかをした。家庭教師作戦が功を奏し、カイロについて半年もたつころには、簡単なアーンミーヤなら話せるようになっていた。言うまでもないが、運賃をめぐる攻防戦だ。市場で買ったパスタを使ってうどんをつくったこともある（香川県人はうどんがないとおちつかないのだ）。ゆであがったパスタに汁をかけたら何とも面妖なうどんができた。留学生が持ち寄ったそうめんをうどん仕立てにしたこともあるが、このときはゆであがったそうめんを水洗いすることを知らず（香川県生まれなのに！）、そのままで汁をかけたらいわく言い難いそうめんうどんができた。

留学期間中、一度だけカイロを出たことがある。サダト大統領がエルサレムを電撃訪問した翌年にあたっていた。イスラエルからの観光客がカイロにやってくるほど、両国の関係が友好的な時代だった。

イスラエルを見てみたくなってギリシア経由でイスラエルに飛び、三週間ほど滞在してカイロに戻ってきた。飛行機の中からはカイロの夜景が見えた。このときのカイロ市街の夜景が妙に心にしみたことを今でも覚えている。こうやって昔のことを思いだしていると、思いださなくてもいい記憶までよみがえってくる。ギリシアで飛行機に搭乗する前、一寸のすきをついて財布を盗まれたのだった。一人旅では、どんな状況でも絶対に油断してはいけない。

写真３　エルサレム旧市街をパトロールするイスラエル兵。18歳になると男女を問わず兵役義務がある。国際アラビア語方言学会で知りあった同年配のハイファ大学教授は予備役につき、年に一度は兵役についていると聞いた。

イスラエルからの帰路は、当初はアテネ経由でカイロに戻ることになっていたのだが、めんどうくさかったのでイスラエルから直接カイロに飛ぶことにしてチケットを買いなおした。ところがこのせいで、空港で徹底的な身体検査を受けるはめになった。「アテネ経由で帰るはずなのに、どうして直接カイロに飛ぶのだ？」と訊ねてくる。「だってめんどうくさいじゃないですか」というきわめて常識的な答えをしたのだが、まったくらちがあかない。次々と検査官がやって来て、最後には下着姿になるまで調べられた。日本では想像もできない現実の厳しさだった。

とにかく、一年間の留学生活を通じて、「人間はどこででも暮らしていけるのだな」という思いを持った。そしてそれと同時に、異なった風土、異なった言語、異なった文化のもとに暮らす人たちのあいだでは、自分と自分をとりまく世界に対する感受性だとか反応性がどのくらい共通しているのか、異なっている点があるとすればどのようなものだろうかということが気になってきた。

フスハー、アーンミーヤ、中間アラビア語（社会方言）

留学生時代にさんざん苦労したフスハーとアーンミーヤの違いについてもう少しだけ説明しておこう。先に書いておくと、アラビア語世界で使われているアラビア語は、フスハーとアーンミーヤだけではない。最近は中間アラビア語（社会方言）という新しいことばも使われるようになっている。

先述したようにフスハーは基本的に書きことばとして機能し、テレビニュースなどでも使われる。さらにアラブ世界全体の共通語としても機能する。一方、アーンミーヤは話しことばであり、正書法もなく、地域ごとの方言差がきわめて大きい。フスハーとアーンミーヤは「ほんとうに同じアラビア語なのか」と思うほど、発音・文法・基礎語彙のすべての面で大きく異なっており、アラビア語の話者は会話の場面や内容によって両者を使いわけている。

フスハーとアーンミーヤの使いわけは、中世ヨーロッパの言語状況に似ているといえるだろう。つまり文語的共通語としてラテン語が使用され、日常会話ではフランス語やスペイン語などの各国語が話されているような言語状況を想像していただくとわかりやすいのではないだろうか。学術、芸術、ジャーナリズムなどにかかわる知識はすべてフスハーによっており、フスハーによる高等教育を受けた人びととそうでない人びとのあいだでは、利用できる情報の量と質に違いがあった。

したがってアラブ世界では大きなネットワークはできにくかった。伝統的なエジプト社会では、ハーラ（町内会的な街区）やガマイーヤ（小規模な生協的共同体）などといったこぢんまりとしたコミュニティーが、人間関係や社会的ネットワークの基盤になっている。ハーラやガマイーヤは治安維持のための自警団を組織して自治の姿勢を見せる一方、政府からの配給品の窓口ともなってきた。また地方出身者は同郷者が集うガマイーヤを通じて、就職をはじめとする重要な情報を得ている。こういったガマイーヤでは、子どものころから使いなれてきたアーンミーヤがコミュニティーのことばとなってきた。

一方、都市部では教育を受けた人びとの中間アラビア語が生まれてきており、テレビや新聞、さらにはインターネット上で使われるようになってきた。カタールのアラビア語放送局「アルジャジーラ」が、アラビア語使用者に呼びかけるパワーを持つようになったのもこのような流れの中にある。

大都市カイロの周辺には一六〇〇万もの人が暮らしている。アフリカ初の地下鉄も開通し、自動車の増加にともなって高速道路や環状道路の整備もすすんだ。このような都市化に加え、教育水準の上昇にともなって消費経済を享受できる社会層のボリュームが増加し、ここ十～十五年くらいのあいだに都市中流層といえる人びとが力をつけてきた。

すこし前までは、携帯電話などでアラビア文字表記のアラビア語（フスハー）のメールを送るにはかなりの労力が必要だった。だがエジプトでは中間アラビア語をもとにしたローマ字表記の方法が誕生し、携帯電話の爆発的な普及にともなって情報を共有できる人びとの層が広がっていった。最近、アラビア語でも使用可能になったフェイスブックのようなコミュニケーションツールが、このような動きに拍車をかけた。二〇一一年の冬、カイロの中心にあるタハリール広場に集った人びとがムバーラク政権打倒という所期の目的を実現できた背景には、アラブ世界特有の言語状況の変化と、都市中流層の出現という社会変化が同時進行したことがあったと思われる。

エジプトでは十九世紀末以後、アラビア語エジプト方言を国民国家の基盤言語にしようとする動きなどを通じて、強固な国民意識が形成されてきた。だが、フランスの植民地となったアルジェリアでは、フランス語による高等教育システムにならったアラビア語至上主義のもとで少数民族の言語が弾圧された。ヨルダンは英語による高等教育を選んだし、EU加盟をめざすモロッコは王政による民主化路線をつき進んでいる。このようにアラブということばでくくってしまう世界は決して一様ではないし、それぞれの国なり地域なりで使われているアラビア語をとりまく事情も一様ではない。

文明語としてのアラビア語

アラビア語は、英語、フランス語、スペイン語、中国語とともに国連公用語になっている。また、ヨーロッパ文明をささえたラテン語、中華文明をささえた中国語、イスラーム文明をささえたアラビア語という意味において有史以来人類がうみだした三つの文明語のひとつであるにもかかわらず、日本ではアラビア語についてほとんど知られていない。そこで、アラビア語の歴史と社会について、後の議論で重要になることを概観しておこう。

日本文明という表現を好む人たちの中では、日本文明をささえる日本語の存在をその論拠とする向きもあるようだ。だが、わたしがここで文明語とよんでいるラテン語、中国語（あるいは漢語）、アラビア語には、次のような文明語的特徴がある。

（1）超民族性。特定の（民族）集団の母語ではない
（2）開放性。言語習得法がマニュアル化されている
（3）造語力。新概念に対応できる

このように、文明語という観点からアラビア語をとらえることができるのだが、ラテン語、中国語とアラビア語には決定的な違いがある。それは、イスラーム（イスラム教）の聖典コーラン（クルアーン）がアラビア語で書かれているということだ。キリスト教の聖書にもラテン語版があるし、仏教や儒教の教えは中国語（漢語）で書かれているが、それらは神のことばそのものではない。キリスト教の新約聖書は福音書とよばれることからもわかるように、キリストの弟子たちが伝えたキ

リストの教えをまとめたものだ。

一神教に属するユダヤ教、キリスト教、イスラームでは、神は人びとに使者をおくってことばを伝える。神からの使いは使徒であり、ことばをあずかったものが預言者だ。イスラームの立場から説明すれば、ユダヤ教のモーゼ、キリスト教のイエス・キリストも預言者であり、イスラームの預言者ムハンマドこそは、最後にして最大の預言者ということになる。

信仰のよりどころとなる聖典という意味で、キリスト教の（新約）聖書とイスラームのコーランを対比することが多い。しかしながらイスラームにとって神と預言者と聖典の三者関係は、三位一体説をとるカトリックやプロテスタントにみられるようなものとはまったく異なっている。神の教えが書物という形となって目の前にあるという意味においては、聖書とコーランは確かに似ている。しかしながら、「神のことばはどこにあるか」という視点からいえば、コーランと同じ位相にあるのは「神のロゴス」としてのイエス・キリストにほかならない。

つまり、コーランと、コーランが書かれた言語としてのアラビア語の関係は、ヨーロッパ・キリスト教世界における聖書と聖書が書かれた言語の関係とはまったく異なった社会的位相にある。イスラームの解釈によれば、神は明晰なアラビア語によって、預言者ムハンマドを通じて人びとにことばを授けた。この「歴史的事実」によってアラビア語とコーランは不可分の関係にあるものとなった。したがってアラビア語の文や単語の意味を理解する以外にコーランの意味を会得することはできない。

このようなわけでアラビア語研究は、コーランを理解するための学問として発展してきた。また、アラビア語以外のコーランは単なる解釈のひとつであり、聖典そのものとしては断じて認めないというイスラームの立場も当然の帰結といえるだろう。

アラビア語のコーランは、ムハンマドが生きていた六世紀から七世紀ころにアラビア語を使っていた人びとに授けられた。つまり、ムハンマドが属していたクライシュ部族をはじめ、当時の人びとが日常的に話していたアラビア語そのものではなく、カーヒン（巫者）やシャーイル（詩人）とよばれていた人たちが、宗教的伝説や詩や物語などを語り伝えるときに使った一種の社会方言だった。

イスラーム史では、イスラーム勃興以前をジャヒーリーヤ時代つまり無明時代とよんでいるのだが、それ以前の時代にもアラブあるいはそれに近い呼称でよばれた人たちがアラビア語を話していたことがわかっている。ただし、どのような方言だったかについては断片的なことしかわかっておらず、ここでは、コーランの言語のような社会方言が一種の部族共通語として機能していた可能性があることを指摘するだけにしておこう。

イスラームは数世紀のあいだにアラビア半島をこえて、さまざまな言語を話す人びとのあいだに広がっていった。今では、中東諸国よりも東南アジアのほうがムスリム（イスラム教徒）の数が多い。しかしながら先述したとおり、アラビア語を母語としないムスリムであってもコーランをアラビア語で理解しなくてはならない。このため、コーランとその言語であるアラビア語はイスラームの信仰の基盤となり、世界中のムスリムに受けいれられていった。

近代になってナショナリズムとアラビア語が結びつくと、アラビア語の社会的役割は決定的なものとなった。十六世紀以後、アラブ世界の大部分はオスマン帝国の支配下にあった。官僚のあいだでは行政用語としてのトルコ語が使われていたため、アラビア語の地位は低下していた。ところがナポレオン率いるフランス軍の侵攻（一七九八〜一八〇一）がきっかけとなり、アラブ世界は対トルコ、後には対ヨーロッパというかたちをとりながらアラブという民族概念のもとにナショナリズムへとめざめていく。

このようなめざめ（ナフダ）は、アラビア語やアラブ文学の復興という文芸復興の運動のかたちをとってあらわれた。アラビア語を近代化し、アラブ民族統一の象徴としてとらえようと先陣を切ったのは、主としてシリアやレバノンに住んでいたキリスト教徒のアラブ人たちだった。これらの人たちの中には、アラブ以前のフェニキア時代まで民族的起源をもとめようとする大シリア主義、さらには古代エジプトにまでさかのぼろうとするファラオ主義のような地域中心の独立運動もあったが、イスラームやキリスト教という宗教的差異をこえてアラブ世界をひとつにする思想としてのアラブナショナリズムが最も原動力をもっていた。

古典アラビア語の後継者としてのフスハー（正則アラビア語）と古典アラビア語による文学をアラブ民族の文化遺産として称揚していくアラブナショナリズムの立場からは、アラビア語の地域方言や地域文化の存在をみとめるわけにはいかなかった。これらはアラブ世界の地域主義を高め、ひいてはヨーロッパ列強による植民地化と分割統治の正当化につながることにもなったからだ。

エジプトの場合だと、国民国家の創生にむけたエジプト人の言語を造るためにアーンミーヤとしてのエジプト方言（正確にはカイロ方言）を国民語にしようとして、言文一致運動や方言正書法の研究をすすめたのはイギリス政府の官僚だった。

アラビア語はイスラーム世界の民族を統一し結びつけるものであり、アラブ民族主義の象徴としてムスリムとキリスト教徒を結びつける一方、トルコをはじめとする他民族との区別を明確にするものだった。同様に、国民国家をめざすエジプトの人びとをつなぐ地域方言としてのアラビア語は、ほかのアラブ諸国との区別を明確にするものだった。

言語は集団をつなぐものであるとともに、他集団からみずからをわかつものでもある。先ごろ話題になった「アラブの春」に連なる一連の社会運動は、このような機能が鮮明になった例ということになるだろう。

大学院での研究

さて、本題にもどろう。アーンミーヤもわかるようになり、タクシーの運転手相手の運賃攻防戦でも百戦百勝できるようになったころ、一年間の留学生生活が終った。日本に帰国すると大学院に進み、本格的に言語学を研究することにした。修士論文は「古代アラビア語の所謂動詞派生形II形について―テンス・アスペクト体系に関する一仮説」というものだった。あまりにマニアックなテーマだから、具体的な内容についてはもう少し後で説明することにしよう。院生時代の指導教官は、西夏文字の解読者として世界的な名声のある西田龍雄先生だった。

言語や歴史に興味のある読者なら、西夏や西夏文字について聞いたことがあるだろう。井上靖の代表作である『敦煌』は西夏国の勃興を主題にしている。最近では、手塚治虫文化賞新生賞を受賞した漫画作品『シュトヘル』（伊藤悠）のテーマも西夏文字だ。

西夏は中国西北部、現在の甘粛省にあった国。チベット系民族タングートの首長であった李元昊《りげんこう》が一〇三八年に建国し、一二二七年にモンゴルのチンギス・ハーンによって滅ぼされた。西夏国では李元昊の時代に独自の文字を制定した。文字の数はほぼ六千。この西夏文字、「わざと読みにくくしたのではないか」と思われるほど、見慣れない人の目には複雑怪奇な形にうつる。李元昊が独自の文字を作らせた理由としてはいくつかのものが挙げられているが、その中のひとつに、西夏語を漢字やそのほかの文字で表記するのが困難だったという指摘がある。西夏文字は漢字に似ているが、西夏語はチベット・ビルマ語族に属するからだ。

西田先生の授業は厳しかった。修士論文の予備発表のゼミでは「題目が悪い」と一言ですまされ、かなりのショックを受けた。本審査では「画期的な論文」と褒めてもらい、おおよろこびした。

当時はノーム・チョムスキーが提唱したいわゆる変形生成文法の全盛期だった。とりあえず、ものすごく簡単に説明すると、変形生成文法の理論では、「人間は生まれながらにして言語を操って意味のある文を作る能力をもっている」と考える。理論言語学的なアプローチでは主に英語を分析対象にすることで、普遍文法（人間の脳内にあらかじめ存在すると仮定された文生成のルール）を想定したのだが、これが世界中のどの言語にも適用できるのかどうかをめぐって、変形生成文法とは別の流れでさまざまな言語の類型的な研究が盛んになっていった。というわけで大学院時代のなかまには、英語や日本語を対象に理論言語学を研究する人も多かった一方、わたしのように個別の言語を研究する院生もいた。

このような環境のもとで、言語研究についての基本的な感覚が身についたのだと思う。ひとつは、世界中の言語はそれぞれに異なっているけれど、その背景には何らかの普遍的な原理がはたらいており、人間が生まれながらにしてもっている能力と関係しているに違いないということ。そしてもうひとつは、個別の言語に特徴的な現象を研究するさいには、その言語内でのことを見るだけではなく、より広い視野から見なくてはいけないということだった。

いよいよ修士論文の内容に移ろう。中東、北アフリカ、ヨーロッパ、アジア各地でのフィールドワークを通じて得た情報をつなぎあわせ、多層的に積み上げながら自分なりの視座を開拓してきた土台となったのが、この修士論文だった。というわけで、いささかめんどうくさい記述が続くのだがもう少しだけ辛抱していただきたい。

今にして思えば修士論文には、ふたつの大きな展望が含まれていた。当時はあまり意識していなかったのだが、この展望にそって次々と視界が開けていった。その前に、修士論文の題目から簡単に説明しておこう。「古代アラビア語の所謂動詞派生形II形について」とあるが、この古代アラビア語とは、これまでにふれてきた書きことばとしてのフスハーや古典アラビア語ではない。

古典アラビア語は、十世紀以降、行政や学芸の分野で使われることによって規範化および標準化された。もう少し具体的に説明すると、古典アラビア語とは特定の時代や地域の言語状況そのものではなく、中世から近代にいたるまで書記や官僚、法学者や宗教的知識人（ウラマー）、さらには詩人や文人などのエリートによって維持されてきた共通の言語状況をひとくくりにしたものだ。もちろん時代ごとのバリエーションはあるが、基本的な言語構造に大きな変化はない。現代標準アラビア語（フスハー）は、この古典アラビア語を語彙や文法面で近代化したものだ。

古典アラビア語は、コーランのアラビア語を基盤として成立したとされるが、先述したように西暦六世紀に誕生した預言者ムハンマドが実際に使っていたことばと必ずしも同じではない。修士論文では、いわば時代を超越した規範として存在してきた古典アラビア語ではなくて、その成立の基盤となった古代アラビア語の言語状況を解明しようとした。

ちょうどこのころ、世界的なイスラーム学者であり東洋思想家としても名声を確立していた井筒俊彦先生が、コーランの意味論的な分析を通じて当時の世界観や宗教観に迫り、画期的な業績をあげていた。井筒先生の方法論は基本的にはドイツの意味論や言語哲学に基づいており、語彙レベルの分析によって対象語彙の意味の場を抽出し、宗教的世界観を解明するというものだった。これに対してわたしの修論では、コーランの語彙的構造ではなくて統語的構造を分析の対象にした。つまり、コーランを自然言語の共時的コーパス、つまり時間的・地域的に限定された言語使用の生の素材として使い、言語構造を分析する。

ここでコーランのとりあつかいについて述べておこう。先述したとおり、ムスリムにとってコーランとは、預言者ムハンマドがアッラー（神）から預かったことばを集めたものだ。だが言語学研究の立場からは、当時、実際に使われていたことばを反映したコーパスとみなすことができる。現代言語学の手法をコーランの言語分析に適用することによって、アラブ古典文法学やそれに基づくコーラン学による伝統的な解釈とはまったく異なった分析が可能になり、当時のアラビア語の姿を解明できるかもしれない。

次はふたつめの展望について説明しよう。これはカイロ留学時代にアーンミーヤで苦労した実体験がもとになっている。アーンミーヤとフスハーの違いに四苦八苦しながら、両者はどのような関係になっているのだろうかという素朴な疑問がふつふつと湧いてきた。さまざまな地方方言相互の関係、あるいはアーンミーヤと古典アラビア語との歴史的関係はどうなっているのだろう？

アーンミーヤとひとくちにいっても、東はイラクから西はモロッコにいたる広大な地域で使われている。両者の違いは、たとえばヨーロッパのロマンス諸語でいうと、イタリア語やスペイン語やフランス語の違いよりはるかに大きいのだ。

当時のアラビア語研究

当時、アラビア語の言語学的研究には三つの大きな潮流があった。ひとつはアラブ世界での研究も含めて伝統的な文法学の立場からのものであり、コーラン解釈はもとよりアラビア語の近代化が関心の対象となっていた。ふたつめは、最新の言語理論をアラビア語に適用して分析しようとしたものであり、アメリカの大学に留学して言語学をまなんだ研究者が中心となっていた。彼らのあいだでは、チョムスキーが提唱した変形生成文法がいかにアラビア語にあてはまるかという結論を導こうとする傾向が見られた。さらにすすんで、チョムスキーが提唱したことのいくつかについては、すでに中世のアラブ古典文法学者が述べているという主張もあった。

このような主張について少しだけ補足説明をしておこう。チョムスキーの理論は、人間は特定の言語を話す環境にうまれた後、その言語を母語として習得するという事実がもとになっている。どのような言語が母語となろうとも、すべての人間が言語を使用できるということは、人間には生まれながらにして普遍文法にそって文をくみたてる言語能力が備わっていると考えるわけだ。

したがってチョムスキーの普遍文法理論では、可能な限り少ないルールで無限の文ができることを説明しようとする。ところがこの理論を現象面でだけとらえると、アラブ古典文法学の考え方と類似してくる。アラブ古典文法学の説明原理は、可能な限り少ないルールを記憶することによって正確なアラビア語を書く手段としてうみだされたものだからだ。したがって、全人類にとっての言語の普遍性の存在を解明しようとするチョムスキー理論とは、よって立つ場所が異なっている。

そして三つめの流れが、アーンミーヤつまり地域方言や部族方言を対象とする研究だった。フスハーとアーンミーヤの複雑な関係については、先ほどの説明でなんとなくイメージしていただけたのではないかと思うが、この両者についてはアメリカの言語学者チャールズ・ファーガソンがアラブ世界の言語状況をもとに二重言語変種併用（diglossia）という考え方を提唱し、これが契機となってアラビア語をめぐる社会言語学的な研究が次々と発表された。

カイロやダマスカスといった大都市での方言については、十九世紀以降に語学書が出版されたりもしたのだが、地方の都市部や農村、さらには沙漠に暮らす遊牧民の方言についてはほとんど記録がなかった。また、アラビア語の故郷であるアラビア半島での言語状況についても白紙状態だった。

ファーガソンは都市部のアラビア語方言が音韻、形態、統語論の面で相互にかよっていることに注目し、遊牧民方言群と対立する方言群、つまり定住民方言群というまとまりを想定した。そして定住民方言群は、歴史的に共通する過程をへて形成されたという仮説をたて、その仮説上の基礎となった祖形的言語をコイネーと呼んだ。この命名は、古典ギリシア語でもみられた同様の状況にならったものだ。

このコイネー説は実証性にとぼしく、すでに過去のものとなっているのだが、彼が提唱した定住民方言と遊牧民方言の関係、両者をふくめたすべての方言の系統関係、それらの口語方言から再構される祖語がどのようなものだったのかについてはまったくわかっていないし、古典アラビア語やコーランの言語を含めた古代アラビア語の関係、フスハーとアーンミーヤという二重言語変種併用の社会がいつごろどのようにしてうまれたのかについても謎のままだ。

修論からの展開

古典アラビア語に関しては膨大な資料が残されているのだが、そこからは当時の人びとが日常的に使っていたアーンミーヤの姿は見えてこない。修論でコーランの言語をとりあげたのは、日々の暮らしで実際に話されていた生きた言語の姿を知りたかったからだ。

先述したようにコーランの言語は、カーヒン（巫者）とよばれた特殊な人びとが使っていたサジュウ体という文体で書かれており、シャーイル（詩人）とよばれた人たちが使っていた定型句口誦表現（オーラルフォーミュラ）を含んでいる。つまり、必ずしも日常言語と同じものではないのだが、古典アラビア語のように文語として洗練されていったわけではない。

もちろん院生時代にはコーランの言語だけではなく、古典アラビア語の研究も手がけた。その中で、アラブ文法学や従来のアラビア語研究ではみすごされてきた、あるいは分析の対象とはされなかった文法事象について、いくつかのあらたな仮説を提示することができた。そのまま古典アラビア語の研究を続けていれば、コーラン時代のアラビア語について定説とはかなり違った姿を描くことができていたかもしれない。

ところで言語学者の夢のひとつに、いまだかつてだれも記述したことのない言語にであい、その言語のフィールドワークにたずさわるというものがある。子どものころに読んだ国語の教科書の中に、有名な言語学者でアイヌ語を研究した金田一京助が、どこかの村ではじめてアイヌ語を聞きとるシーンがあった。基礎語彙である「頭」とか「目」とかを指さしながら、すこしずつ単語を書きとめていく。次に、ノートにぐちゃぐちゃと何だかわからない絵を描いてみると、相手からアイヌ語の「何？」にあたる単語を聞きだすことができた。以後は、「何？」という疑問詞を使うことで、次々と新しい単語を集めていったという。

後になって知ったところによると、金田一はフィールドに入る前からある程度のアイヌ語を習得していたらしい。つまり、国語の教科書に書かれていた話は実話ではなさそうなのだが、とにかく、言語学者たるもの、アラビア語についてもまだ誰も記述していない地域の方言をフィールドワークしたいと思うようになった。

アラビア語方言研究にはおもしろい一面がある。先に述べたナショナリズムとの関係もあって、アラビア語を母語とするアラブの研究者は方言の研究にはほとんど関心をはらわず、この分野は欧米の言語学者の独擅場となっていた。シリア、レバノン、東地中海地域、モロッコ、アルジェリア、チュニジアなどのマグレブ諸国の方言については、元の宗主国であったフランスでの研究が進んでおり、北アフリカにあるリビアの方言は旧宗主国であるイタリア、エジプトや湾岸諸国の方言についてはイギリスの研究者がとりあげてきた。

ただ、このような中で、アメリカで学位を取得したアラブ出身の学生が自分の母語であるアラビア語についての論文を書くなど、徐々にではあるが自分たちの国の方言に関心をいだくアラブ人研究者もでるようになっていた。一方、イスラーム発祥の地であるアラビア半島の方言については世界中の研究者がねらっていたのだが、入国がむずかしく入国したにしても調査どころではないといった状況だった。

本多勝一の『極限の民族』に描かれたアラブ遊牧民のルポ、女性としてはじめてサウジアラビアの遊牧民の文化人類学的研究をまとめた片倉もとこ先生の本などを読むうちに、遊牧民がどのような暮らしをして、どのようなことば、さらにいえば、どのようなアラビア語方言を話しているのかを知りたいと思うようになった。

どのような学問分野でもいえることなのだろうが、この「知りたい」という思いこそが、研究者としての道をきりひらく力の源泉となる。知らなかったことを知るためには、膨大な文献の森にわけいらなければならないし、知りたい対象が存在する現場にでむいて調べることも必要になる。

第二章　シナイ半島の遊牧民——山の民ジバーリ部族

シナイ半島を行く

いかにも都会の車然としたスマートなベンツが、幹道をそれて舗装されていない道へとはいっていく。と、もうもうたる砂ぼこりが一気に車の中に舞いこんできた。あわてて窓を閉める。カイロで雇ったタクシーのドライバー（もちろん、運賃交渉はすませている！）も、露骨にいやそうな顔になった。

カイロからシナイ半島にはいるには、東に車を走らせてスエズ運河の下をとおっているトンネルを抜ける。そこから直進すればイスラエルだ。だが、わたしの目的地はシナイ半島南部に暮らすベドウィン（アラブ遊牧民）の村だった。車は一路、南をめざし、カイロから五時間あまり走ったマンタという場所でひと休みした。朝早くにカイロをたてば昼ごろにはついている算段だ。

マンタに一軒しかないレストランで軽い昼食をとった。ドライバーはここでガソリンを補給する。目的地のトゥールまではまだ三時間の行程が残っているのだ。マンタのレストランで、いつもどおりミートスパゲティとコーラを注文した。いったいどんなゆで方をすればこうなるのかと思うほど、めんが伸びきっている。

写真４　シナイ半島南部（エジプト）の沙漠に暮らすアラブ遊牧民（ベドウィン）。政府の定住化政策によってテントで遊牧する人たちは激減している。幹道を車で走っていてテントを見つけると、すぐに立ち寄って話をする癖がついた。（1991年１月撮影）

留学生時代のことを思えば、カイロにはこじゃれたカフェも増え、スーパーマーケットも目にするようになった。衛生状態も格段によくなっている。とはいえ、何度もいたいめにあってきたから口に入れるものには気を使う。ナマモノは論外、水も要注意だ。エジプトで暮らしたおかげで、日本でも外出から戻るとせっけんで手を洗い、イソジン液でうがいをするというすばらしい習慣が身についた。

チュニジアから始まった「アラブの春」とよばれる民主運動はエジプト全土にも大きな混乱をもたらし、いまだに出口が見えない状況にあるが、この一連の混乱のさなか、エジプトに属するシナイ半島もとりかえしがつかないほどの影響をうけた。

　一九六七年の第三次中東戦争でイスラエルがエジプトを降したとき、シナイ半島は八二年に返還されるまでイスラエルの占領下におかれ、半島全体が両国の国境と位置づけられることになった。イスラエル占領時代のシナイ半島では、道路などの社会的インフラの整備がすすんだ。エジプト返還後も政府は、シナイ半島の名所として知られるモーゼ山や聖カトリーヌ（カタリナ）修道院をおとずれる観光客、あるいは紅海でのダイビングをめあてにやってくる人たちのために南シナイの観光開発に力をいれ、ホテルなどの施設を充実させた。

　だが今の南シナイには、かつての面影はない。政治の混乱にまぎれて、多くの犯罪者がシナイ半島に潜伏するようになったからだ。最近では、アルカーイダの流れをくむテロリスト集団が跋扈するようになっている。世界中から観光客がおしよせたシナイ半島は、エジプト政府の権限と管理がとどかない地域となってしまった。わたしが南シナイの調査をはじめたのは、政府が観光開発に力をいれるようになった時期にあたっていた。地域の中心都市であるトゥールやシャルムッシェイフ（シャルムエルシェイク）などには新しいホテルが建設され、ヨーロッパ各地からの直行便が多くの観光客を運んでいた。


「だってアラブなんですよ……？」

　さて、タクシーのドライバーだ。このときは聖カトリーヌ修道院をおとずれるためにカイロでタ

写真５　ジバーリ部族の族長のアフマド氏。彼の一族が住む家はワーディから少し入った小高い丘の上にある。この表敬訪問の時は、くだんのタクシードライバーはかなり家から離れた場所に駐車して一歩も車から出なかった。（1995年12月撮影）

クシーをチャーターしたのだが、マンタでガソリンを補給して快走していたドライバーの顔が急にゆがんだ。少しより道をして、顔なじみの族長（シェイフ）のアフマド氏にあいさつしようと思い、「ベドウィンの村に行くから、そこのわき道に入ってほしい」と告げたとたんのできごとだった。ドライバーの答えは今でもはっきりと覚えている。

「本当に行くんですか？　だってアラブなんですよ？　怖いですよ？」ドライバーはそう言った。現代アラビア語でアラブということばにはふたつの意味がある。アラブ人やアラブ民族をさす場合と、アラブ遊牧民をさす場合だ。タクシーのドライバーが沙漠に暮らす人びとをさして「アラブ」と言ったのは、後のほうの意味で使っていたことになる。

ドライバーに「だって、あなたもアラブ（アラブ人、アラブ民族）でしょう?」と質問したとすると、彼は「アナ・マスリー」つまり「わたしはエジプト人ですよ」と答えたかもしれない。マスリーというアラビア語（エジプト方言の形）には、「カイロっ子」といういうせまい意味もある。アラブということばが、一義的なアラブ人あるいはアラブ民族を意味するようになったのは、アラブナショナリズムがさかんになる十九世紀以降のことだった。元来、アラブとは沙漠に暮らす遊牧民（ベドウィン）をさしていたからだ。

アラブということばをめぐっておもしろい経験をしたことがある。ある年の夏、シナイ半島の巡礼路をラクダに乗って踏査したときのことだ。この調査では、文献に残っている水場の位置や一日の移動距離を調べることになっていた。懇意にしていた部族からラクダを調達して巡礼路の始点となるワーディ（涸《か》れ谷）まで行ったところ、そのあたりを縄張りにしている別部族が待ちかまえている。彼らの言い分はこうだった。「自分たちの土地をとおるのだから、自分たちのラクダをかりあげて自分たちを案内役にするべきだ」

かつては部族ごとににらみをきかせる土地が決まっており、沙漠を行く旅人は道中の安全を保障してもらうかわりに土地の部族に通行料をしはらっていた。このような慣習はとっくにすたれたと思っていたのだが、現金収入になることからかつての慣習法がよみがえったらしい。

巡礼路を縄張りにしている部族の人たちと、ラクダを調達した部族の人たちのあいだで口げんかが始まってしまった。双方ともにゆずらず、機関銃のようなことばの応酬がいつ果てるともなくつづいている。やがて、仲裁役が登場した。調査に同行していた上《かみ》エジプトのキフト出身の親方だった。

「あんたたちは違う部族だし、自分もキフトからきたよそ者だ。だが、同じアラブなのだから、日本人の前でいいあらそうのはやめようじゃないか」

このことばが効いたのか、親方の貫録たっぷりの体型が無言の圧力となったのかはわからないが、とにかくこの一言で相手の態度はやわらぎ、調査隊がいくばくかの手間賃をはらうことで決着がついた。ただ、このハプニングのせいで、早朝に出発していちばん暑くなる昼どきには水場で休憩しようというもくろみはふいになり、いちばん暑い昼どきにいちばん暑い場所を踏査するはめになってしまった。

親方が言った「アラブ」とは、アラブ人・アラブ民族をさしている。両者のかけあいを聞いていた同行の研究者は、「アラブということばはこういうぐあいに使うのか」と得心がいったそうだ。

ではどうして、タクシーのドライバーはアラブ、つまりここではアラブ遊牧民を怖がったのだろう？　都会育ちのドライバーが沙漠に暮らす人たちを怖がる気持ちは、ごく自然なのかもしれない。しかしながら、アラブの古典文学や古典文法学では、沙漠の風景やそこに暮らす人びとのことばこそが、アラブの民の原風景につながるものとして称揚されている。都市部の定住民が沙漠の民にいだく怖れは、そういった原風景としての沙漠への憧憬と対比すると何とも不可解だ。

アラブ遊牧民をさすベドウィンということばは、アラビア語のバドゥからきている。バドゥはアラビア語の動詞バダーの動名詞であり、「さらけだされている」という状態を意味する。つまりベドウィンとは、沙漠に対して「さらけだされた」暮らしをする人びとなのだ。壁に囲まれて暮らす都市の人びと「ハダリー」とは対極の概念ということになる。このようにバドゥには、遊牧あるいは移牧という意味は含まれていない。

自然からの恵みを直接的に得る狩猟採集、自然に手をくわえることで恵みを得る農耕などとは異なり、沙漠のように乾燥した場所では自然から直接的に恵みを得ることはむずかしい。ヒツジやヤギなどの家畜を放牧して自然からの恵みを間接的に得ることしかできない。

日本のようなモンスーン気候の風土からは想像しにくいのだが、沙漠では草地や水場が出現する場所は、一年を通じていつも同じではない。一年のうちでいつどこに草地や水場が出現するかを知って移動し、ヒツジやヤギを管理するために必要な技術を習得し、これらの情報や技術を次世代に伝えていくことが必須になる。

民俗分類（フォークタクソノミー）

わたしが調査したジバーリ部族の人びとも、水場をはじめとする水に関する語彙をこまかく使いわけていた。また、ラクダやヒツジなどの動物についても、年齢や性別だけではなく足が速いとか乳をよく出すといった能力に応じて分類し、それぞれを異なったなまえで呼んでいた。泉の総称は

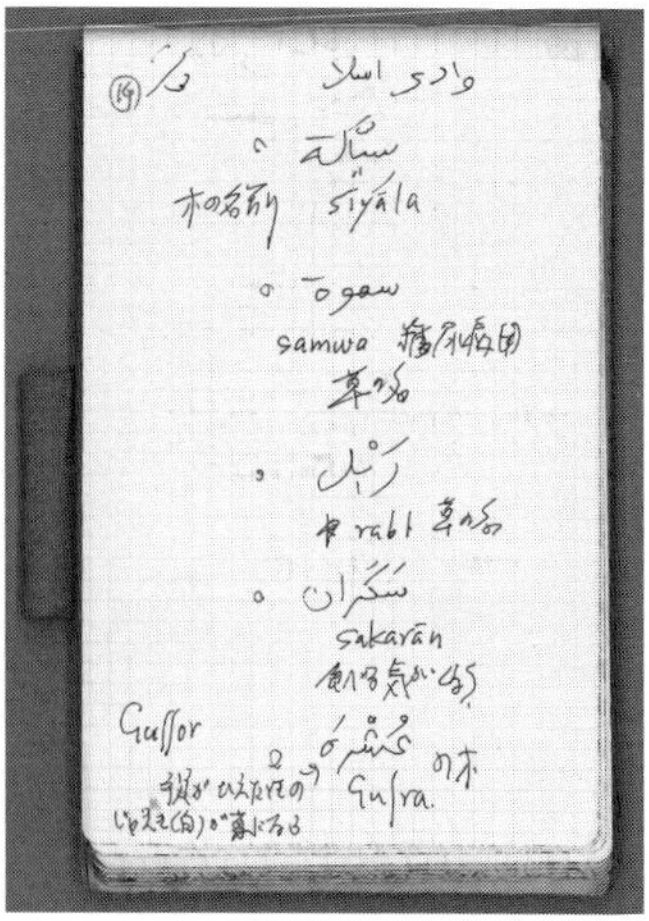

写真6（左）ワーディイスラの沙漠に生えているウシュラの木。「手足が冷えたときに白い樹液が薬になる」。（1992年1月撮影）
（右）ガイドのムゼイナ部族から有用植物について聞き取ったノート

エーン、通年で水がある泉はガルト、そうでない泉はハラザだ。ヤギは雌雄で呼び名が違い、雄はテース、雌はアンズ（雌の場合のみ集合的に指すときにマアゼ）となる。仔ヤギについても、新生仔は雌雄の区別なくズリート、雄がジャディ、雌がサハレといったぐあいだ。

植物や動物にかんする科学的な分類とは異なり、その場所に暮らす人びとの生活と密接なかかわりのある生物知識に基づく分類を、言語人類学ではフォークタクソノミー（民俗分類）とよんでいる。このような民俗分類からは、当地に暮らす人びとの世界観をかいま見ることができる。しかしながら文化の深部にわけいって人びとの世界観を明らかにする前に、基礎語彙とよばれる基本的な単語を収集したり、言語の文法を記述するための用例を集めたりしなくてはならない。だいたいどのような言語であっても五百語程度の基本的な単語をおぼえて使いこなせれば、日常的なコミュニケーションはとれる。

先述したとおり、アラビア語にはフスハーとアーンミーヤがあり、基本的な単語はもちろん文法や発音が地域ごとに異なっているのだが、調査対象となる方言で使われている五百語ほどの基礎語彙を集めて分析してみると、その方言のおおよその特徴をつかむことができる。実際、それ以上の語数を集めていくと、方言間の異同あるいは特異性は急激に低くなるようだ。

方言のフィールド調査を始めるようになったのは、東京外国語大学アジア・アフリカ言語文化研究所（ＡＡ研）に助手として就職したことがおおきい。

ＡＡ研に入所したとき（余談ながら、出ていくときには出所という）には、文化人類学者というより思想界のトリックスター的存在だった山口昌男先生が所長を務めていた。山口所長のひとがらや学風からもわかるように、当時のＡＡ研は自由なふんいきにあふれていた。

文化人類学では山口先生とならぶ双璧、川田順造先生が在籍していたし、言語学や歴史学の分野でも日本を代表する研究者がいた。彼らに共通しているのは、フィールド調査によるデータを基盤にして学問を構築していくこと、狭い専門領域にとらわれないことのふたつだった。

就職して東京に転居し、ＡＡ研に初出勤した日のことは今でも忘れられない。事務官の女性に自分の研究室まで案内してもらい、中東イスラーム世界を専門とするほかの先生にあいさつしようとしたのだが、誰もいない。全員、調査のために海外に出ていたからだ。この一件で、AA研での研究がどのようなものかを実感することができた。

AA研には八年ほど勤めて出所し、現在の職場である民博に移ってきたのだが、AA研にいた八年のうちのほぼ半分は海外にいたことになる。ともあれ、AA研での助手時代にはとても楽しい思い出がつまっている。自分の学問スタイルを形づくったのもこの時代のことだった。フィールドワークのやり方や共同研究の方法、さらには文科省の科学研究費（いわゆる「科研」）をふくめたさまざまな競争的外部資金申請の書き方も見よう見まねで身につけていった。要するに研究者として研究をマネージメントするための経験を積むことができた。

AA研時代に身につけたことのうち、今の自分にとって最重要なものは、現場つまりフィールドでの直感的な判断を信じろということだった。

現場のデータは真実の断片

調査中にはフィールドノートに膨大なデータを記していくが、後になって内容を分析してみるとその結果がうまくかみあわないこともある。単語の場合だと、単なる聞きまちがいだとか表記のミスということもまれではないから、録音した音声によってチェックしたり、同じ場所を訪問したさいに同じ項目について確認したりする。

言語を調査する場合、最初はできるだけ詳細な音声表記をこころみる。この詳細な音声データをもとに、それらの音声が調査中の言語の中で単語の意味の区別にかかわっているのか、いないのかという視点から音韻論的な分析によって音素の目録を確定する。たとえば、英語では意味の区別にかかわる/l/と/r/の音が、日本語では区別されないから、英語では二つの音素、日本語では一つの音素とみなせる。

実際の使用者以外はだれも知らないという未知の言語を最初から記述していくには大変な労力が必要になるが、アラビア語方言の場合は、ある程度の予測はつく。基礎語彙をひととおり聞きとっていきながら、同時に音韻分析をすすめることもできる。一見すると無秩序に思える、もしくは聞こえる音声のバリエーション（異音）から、音素の集合としての音韻構造をみいだすのは、言語調査の醍醐味といえるだろう。ただ、分析者はときとして無意識のうちに整合的かつ体系的な音韻構造をみいだそうとすることがあるから、注意が必要だ。

ジバーリアラビア語つまりジバーリ部族のアラビア語方言の接尾代名詞を分析していたときのことだ。現代アラビア語の-kaと-ki（「あなたの」という意味）に対応するジバーリアラビア語の接尾代名詞を音声表記すると、母音または閉音節の子音に後接する場合は-kuと-kになるのだがフィールドノートをみなおすと、「前者の場合、語末の母音uは日常的な発音では聴覚的にはシュワー母音（いわゆる曖昧母音）あるいは無母音に近い。軟口蓋で調音される-kの音よりも調音位置が若干うしろにずれている聴覚印象を得る。語末音になった場合でも無声の無気音となる。後者については非常に強い帯気音とともに発音される」と書いてある。

ところが北シナイで別のアラビア語方言を分析したアムステルダム大学のルドルフ・デ・ヨング教授は、前者の男性形には咽頭化とよべるような調音位置の後退と円唇化（唇をまるめて発音すること）が示差的特徴であるとしており、わたしが観察した男性形と女性形の対立に関与的な有気・無気については無視している。

デ・ヨング教授は、もとの母音uの脱落による代償として子音の円唇化と女性形との対立による調音位置の後退、あるいはいわゆるほかの咽頭化音の影響による音素化という歴史的変化を説明するものとして、共時的な体系の中にひとつだけ特異な音素をたてたが、このような解釈は音韻論的にはきわめて整合性がわるい。専門用語を羅列しての説明だとこのようなことになるが、ものすごく単純に言ってしまうと、要するにデ・ヨング教授はそれまでの「枠組」におさまりにくい事例を例外として解釈したということになる。

一方、わたしとしては、女性形にみられる強い帯気音がフィールドノートにあるとおりなのかどうか不安になってきた。とは言ってもデ・ヨング教授の解釈とは異なり、これらふたつの接尾代名詞の対立にのみ有気・無気の示差的特徴が認められるとするのは、ジバーリアラビア語の音韻体系から考えると躊躇せざるをえない。

自分の耳が信じられなくなっていたとき、アラビア語を含めて広く現代セム系言語を専門にしている中野暁雄先生に質問をしてみた。中野先生は東京大学言語学科で教鞭をとった服部四郎先生の門下中、ひとなみはずれて耳がよかったことで知られている。中野先生の答えは明確だった。「それでいいんですよ」

中野先生は、出現環境は異なるがそういった現象はイエメンの方言でも聞いたことがあるし、実際の音声の世界は音韻論の教科書どおりにはならない、自分が現場で直接聞いて記述したことを信じるのが大事だと言ってくれた。

この問題は後に、ジバーリアラビア語の系統、ジバーリアラビア語が属する北西アラビア半島方言群とアラビア半島諸方言の関係、古代アラビア語方言の再構において重要な事項であることが明らかになった。既成の枠におさまりきらずに例外としか思えなかった事象であっても、経験値が底上げされていくことで、当初はよくわからなかった意味が見えるようになることもある。

数多くの研究者がさまざまな方言について研究書を著してきたが、最終的な分析結果として提示される以前に多くの事象が著者によって取捨選択されている。つまり、研究者が公表した分析結果は、フィールド調査が示す混沌としてはいるが可能性を秘めた世界からは離れたものになっている。これは、最初のフィールドワークとその分析を通じて得た教訓のひとつだった。

「明日、あなたは死ぬだろう」

さて、現場での話にもどろう。その日はいつものように朝の九時ころにソブヒー家の果樹園をおとずれ、聞きとりをする相手（インフォーマント）のおじいさんから単語を聞きとっていた。当日の調査語は、ジバーリアラビア語で「死ぬ」をあらわす動詞の活用形だった。

写真７　自慢の果樹園でくつろぐスレイマン老と孫たち。沙漠でも井戸を掘ると水が得られる。水を大量に消費するホテルや工場が増えたために井戸の水量が減り、以前より深く掘らなければならなくなったそうだ。（1990年12月撮影）

ソブヒー家の長老スレイマン老の発音をわたしがまねて発音し、それを音声表記でフィールドノートに記録していくという単調な作業だった。スレイマン老は八十歳に手がとどくらしい。若いころはラクダをひいてはるばるエルサレムまで商売に行ったという。イスラエルによる占領時代にも機転をきかせてうまくたちまわり、イスラエルまで何度も出かけていったそうだ。

言語調査の第一歩は、調査対象となる言語や方言のよいインフォーマントを探すことからはじまる。こちらが知りたいことをわかってもらえると、時間はかかるもののスムースに調査ができる（はずだ）。しかしながら、インフォーマントにしてみれば、謝金をもらえるとはいっても退屈きわまりない作業にはちがいない。そしてもちろん、それだけではない。

「では、次、お願いします。『明日、あなた（男性形）は死ぬだろう』」と言うと、スレイマン老がジバーリアラビア語で同じことを言ってくれる。ところがその先がつづかない。次の文章は「明日、わたしは死ぬだろう」というものだった。つまり死ぬという動詞で、主語が自分の場合を聞きとろうとしたのだった。

スレイマン老は黙ったまま、何も言ってくれない。しばらく気まずい沈黙があり、スレイマン老が口をひらいた。彼が言ったのは「明日、わたしは死なない。死にたくない」というジバーリアラビア語だった。

「あのぅ、『明日、わたしは死ぬだろう』って言ってください」

スレイマン老の表情がくもる。

「いやだ。死なない。死にたくない」

「おじいさんは元気いっぱいだから、明日、死ぬなんてことはないですよ」

もちろんスレイマン老は、わたしがもとめることばを知っているから、「明日、わたしは死ぬだろう」と早口で答えた。

「えー、よく聞こえませんでした。もっとはっきり言ってください」

スレイマン老はますます悲しそうな顔になったが、今度ははっきりと同じ文章をくりかえしてくれた。

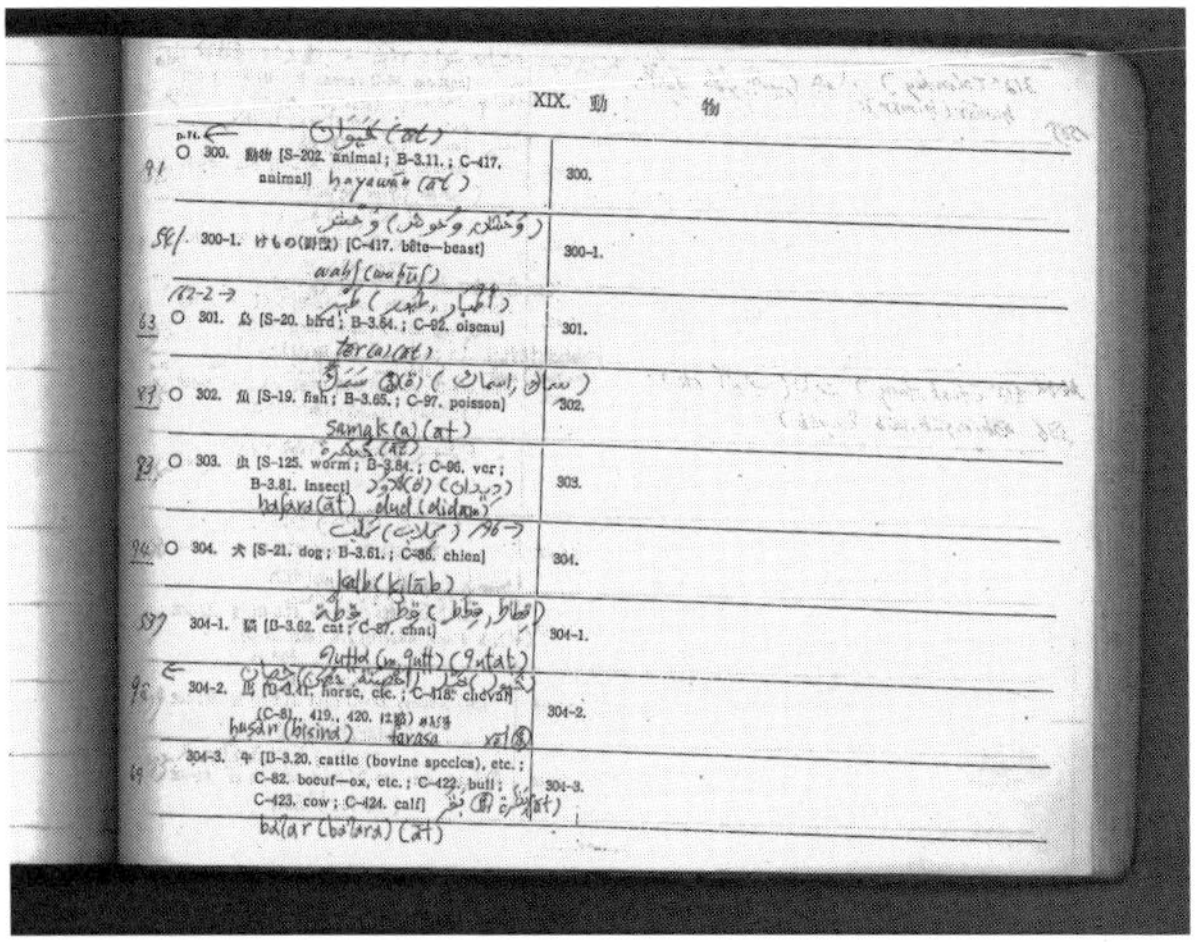

写真８－１　アラビア語方言調査用の分類基礎語彙調査表

日常の会話だと「明日、わたしは死ぬだろう」などというのは、よほどせっぱつまった状況だろうし、口から出してしまったことばは何となく実現しそうな気がする。こんなことばは誰だって口にしたくないだろう。だが、どれほどささいな活用形の一部であっても、インフォーマントから実際に聞きとるまではひきさがるわけにはいかない。このように、ひとつひとつの動詞についてすべての活用形を聞きとるのがどれほどの難事業であるかは、想像してもらえるのではないだろうか。

「じゃ、次は『殺す』ということばです」

こうして退屈な聞きとりが再開された。

「『きのう、わたしはラビーウを殺した』。はい、お願いします」

「わたしは殺してないよ。ラビーウは生きているもの。さっき会っただろ?」とスレイマン老。

「じゃあ、ラビーウはやめましょう。死んでな

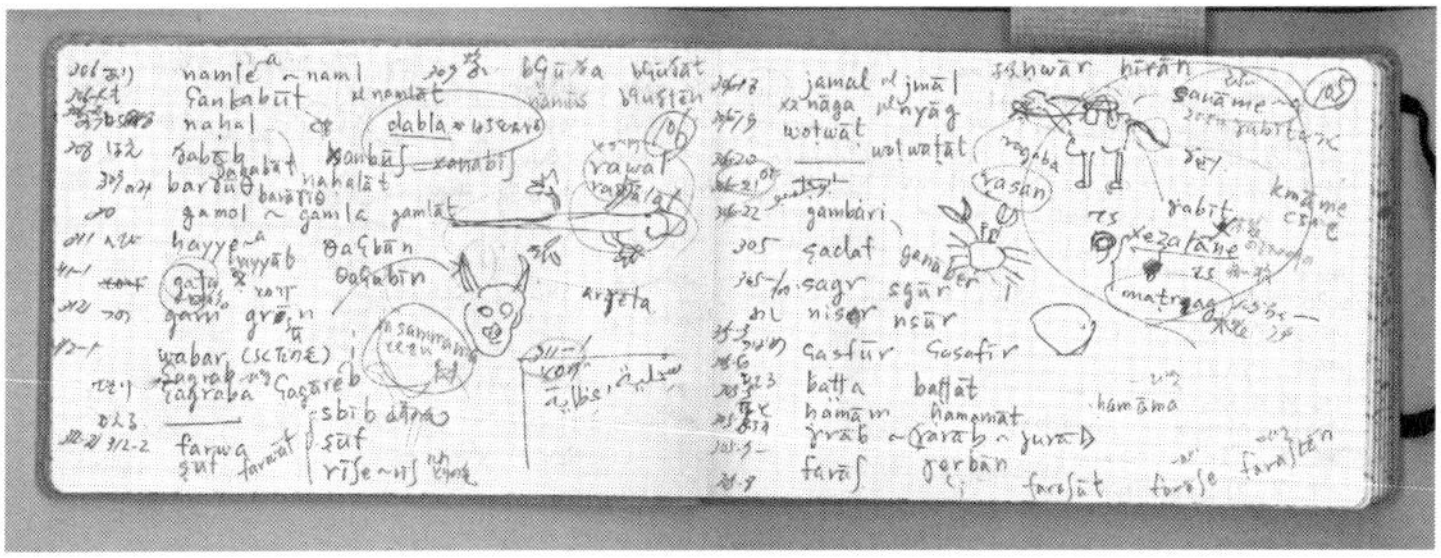

写真8－2　ジバーリアラビア語調査のフィールドノート。丸でかこんだ部分は追加調査のしるし

いものね」と、ここで一休み。スレイマン老が果樹園のオレンジをもいで、わたしにさしだした。今日の聞きとりはここまでかなと思いながら日本のウンシュウミカンをほうふつとさせる果実をほおばると、調査の緊張が一気にほぐれていき、フィールドノートとテープレコーダーをかばんにしまった。

基礎語彙表による調査

五百語ほども聞きとれば、アラビア語の特徴をつかむことができると書いたが、各動詞の活用形、名詞の複数形、形容詞の男性形や女性形といったぐあいに、調査しなければならない事項はかなりの数になる。

わたしはアラビア語の方言調査用に、分類基礎語彙調査表をあらかじめ用意していた。先にも述べた服部四郎先生がアイヌ語調査用に開発した調査票をベースにＡＡ研で作成された調査票を参考にし、中東地域で必要となるイスラーム関係などの語彙をくわえて独自に用意したものだ。

分類語彙集は単語をアルファベット順にならべているわけでは

なく、自然に関係のある語彙、人体に関係のある語彙といったように生活をしていくうえで重要になる身のまわりの世界を分類しておき、その分類にしたがって関係する語彙を集めるようになっている。たとえば水にかかわる語彙なら、水、川、池、湖というように連想関係でならべておき、インフォーマントにとっても芋づる式にことばが浮かんでくるような工夫がされている。

したがって、インフォーマントが属する集団の自然や社会について、あらかじめ大きな網をかけて全体像をつかむためには効率的にできているといえるだろう。一方、その社会や地域に独特の自然現象だとか社会事象があるはずだから、基礎語彙をひととおり調査し終わったら、研究者がどこまで知りたいか、あるいは対象となる言語話者集団の文化や社会のどのような点に関心があるかということによって、調査方法や内容が異なってくる。

言語調査者、すくなくともアラビア語方言研究者は、基礎語彙レベルの調査をすませると次の方言の調査にとりかかることが多い。基礎語彙とそれらを使った文例を記録することができれば、その方言の音韻論や形態論、さらに簡単な統語論まではこれをもとに分析して記述できるからだ。自然な日常会話や民話などの比較的長い文章を録音してテキスト化しておけばさらによい。ただし民話などの分析には、対象となる社会の文化についてより深い知識が必要となる。

オランダのM・ヴォイディッヒとドイツのP・ベーンシュテットが共同でエジプト本土の言語地図を作製したときは、徹底的に簡便な方法が採用された。彼らはあらかじめ方言地図用に調査事項をしぼりこみ、地区の村々を短期間で次々と調査していった。北シナイの部族方言を調査したデ・

ヨング教授も同様の方法をとり、ひとつひとつの部族方言については必要最小限の情報を得るだけでよいという立場であらゆる方言を記述していった。

だがわたしの場合は、方言話者が属する社会の文化まで含めて理解したいという願望が強かった。そしてはじめての言語調査の対象となったジバーリ部族の歴史や社会や文化、そして南シナイにおける彼らの独自性が見えてくるようになると、単なる言語調査の域をこえて関心が膨らんでいった。

「山の民」ジバーリ部族

このあたりでジバーリ部族について簡単に説明しておこう。ジバーリとは、アラビア語で山を意味する単語の複数形からつくられた形容詞だ。つまりジバーリとは「山々の人びと」ということになる。実はジバーリ部族は東ヨーロッパに暮らしていたキリスト教徒だった。諸文献によれば、西暦六世紀にビザンツ皇帝ユスティニアヌス一世が聖カトリーヌ修道院を創建したとき、修道僧の警護や身辺雑事にあたらせるため、現在のボスニア（旧ユーゴスラビア南西部）とワラキア（ルーマニア南部）の農奴から百人の男子を妻子同伴でエジプトへ送ったという。この人びとが現在のジバーリ部族の祖先とされている。

ジバーリ部族は「アウラードッデイル」（「（聖カトリーヌ）修道院の子どもたち」）と自称している。修道院に奉仕するのは彼らの義務でもあり特権でもある。一定の年齢になると部族の男子は定められた期間、修道院の奉仕をする。南シナイの遊牧部族民で自由に修道院に入ることができ、修道院

写真９　聖カトリーヌ修道院。遊牧民などの襲撃を防ぐために高い壁で囲まれている。図書館には貴重なキリスト教関係の写本だけでなく、遊牧民と交わした契約文書などが所蔵されている。（1996年１月撮影）

近辺に暮らすことができるのはジバーリ部族だけだ。

トゥールの市街から車で十分ほどの郊外にキリスト教修道院の遺跡がある。遺跡の保存管理をするため、隣接地に暮らしていたのがジバーリ部族のソブヒー一家だった。遺跡を見学にいったおり、ソブヒー家に立ち寄ってお茶をごちそうになった。テレビゲームに出てくるマリオそっくりのソブヒー氏に出身部族を訊ねたところ、「ジバーリだ」という答えが返ってきた。

この日から日課が一変した。毎朝九時にソブヒー家を訪問しては話を聞く。そのうちにいろんなことがわかってきた。南シナイにはさまざまな部族が暮らしていて、各部族の代表が集まる部族会議なるものがある。ジバーリ部族からは部族長だけでなくソブヒー氏も

写真10　修道院で労働奉仕するジバーリ部族の青年たち。かつては修道院での奉仕は部族員の義務であったが、現在では30人ほどが賃金労働による契約を結んで労働に従事している。(2002年12月撮影)

世話役として出席しているらしい。ソブヒー家が地元では権威のある一家だということが後になってわかるのだが、最初のころはマリオそっくりの外見そのままに人好きのする働きもののおじさんという印象だった。

ジバーリ部族には二人の族長がいて、役割を分担している。わたしがエジプト人のタクシードライバーとともにあいさつに行こうとしていたのは、族長の一人シェイフ・アフマドだった。ソブヒー氏の姉が族長の家族に嫁いでおり、ソブヒー家とは親族関係にある。ちなみに族長の権威というものはたいしたもので、知りあいということで一度ならずその恩恵に浴したことがあった。

言語調査の話題にもどろう。先述のスレイマン老は古いことばをたくさん知っており、方言調査にとっては理想的なインフォーマン

写真11　ソブヒー一家が暮らすトゥール近郊のワーディ村。ワーディとは「涸れ川・涸れ谷」を指す普通名詞のアラビア語だが、村の名前になっている。（1990年12月撮影）

トだった。とはいうものの、ときどき、説明してもらってもわからないことがでてくる。そういうとき、助手になってくれたのがソブヒー氏の娘、マンスーラとカリーマの美人双子姉妹だった。

美人姉妹が助手をかってくれるようになってからというもの、方言調査が楽しくなるだけではなく、日常生活の諸事象へとどんどん関心がひろがっていった。とくに地元の高校を優秀な成績で卒業した妹のカリーマは、アラビア語の読み書きはもちろん簡単な英語も使いこなすことができた。

あるときのこと、スレイマン老から基礎語彙を聞きとったあと、どうしてもわからない単語があった。ここ、そこ、あそこというふうに場所を示す指示副詞の使い方なのだが、現代標準アラビア語では近称フナーと遠称フナーカのふたつ、ほかのアラビア語方言でも単語の形は異なるものの近称と遠称のふたつしかない。ちなみにフナーは英語のhere、フナーカはthereと似た使い方をする。日本語だと、話し手の近くが「ここ」、話し手から遠くて聞き手に近い「そこ」、話し手からも聞き手からも遠くなると「あそこ」になる。この場合は話し手と聞き手からの遠近が区別に関与している。

ジバーリ方言には近称のフナーに対応するヘニ、遠称のフナーカに対応するヘノートに加えてもうひとつ近称のヌハーニという単語がある。ヘノートもヌハーニもジバーリ方言独特の単語であり、ほかの近接方言はもちろんアラビア語のどの方言でも確認されていない。ヘニはカイロ方言でも使う標準アラビア語フナーの方言形だから、当初はジバーリ方言の指示副詞はヌハーニとヘノートのふたつであり、ヘニはカイロ方言からの借用形でヌハーニと同意語ととらえていた。

アラブ遊牧民の男性のことばと女性のことばを比べた場合、男性の方が都会に出て行ったり他部族の人びとと会話する機会が多いため、近接方言との共通語形や都市部のことばを他部族との会話で使う傾向が高いからだ。テレビやラジオの影響もあるし、都市部からの人口移動などのためにトゥールでもカイロ方言が影響力を増していたという事情もある。

しかしながらある程度ジバーリ方言がわかるようになり、ソブヒー家の人たちとの会話で使ってみるとどうもしっくりこない。ヌハーニとヘニはどうやら同意語ではなさそうなのだ。

このときに手助けしてくれたのがカリーマだった。彼女は標準アラビア語と少しばかりの英語をまじえながら、両者の違いを説明してくれた。まず、コーヒーカップをわたしの前と自分の前に置

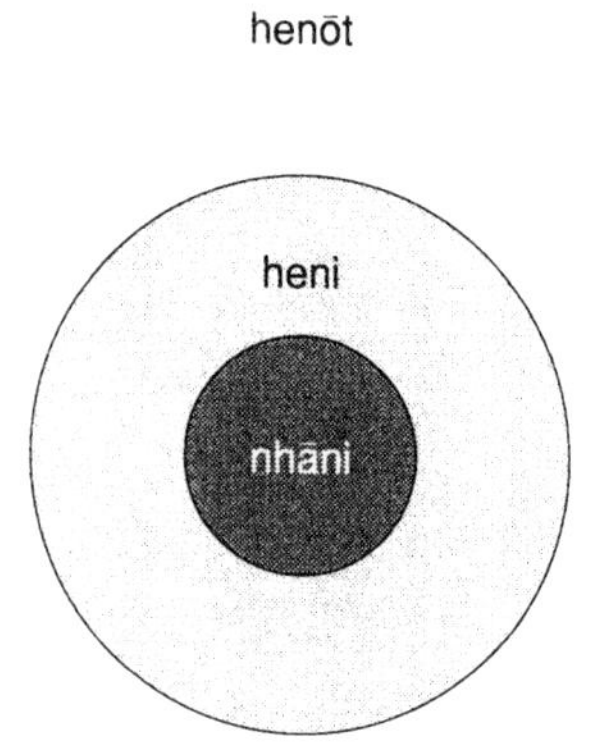

図2　ジバーリアラビア語の指示副詞

く。
カリーマ「ここに置けばヌハーニ、このあたりだとヘニかな、もっと離せばヘノートね」
わたし「うーん、このヘノートはわかるけれどヌハーニがわからない」
カリーマ「じゃあ手をだしてみて」
カリーマのやわらかい手がわたしの手を握る。彼女が思いきり手をひっぱった。
カリーマ「ここまで来ると、あなたはわたしのヌハーニになるのよ。知らない男の人とは絶対にここまでは近寄っちゃいけないわよね。ニシオー」
そのころには、ソブヒー家の全員がわたしをニシオーと呼んでいた。名のテツオがアラビア語では発音しにくいというのもあるし、ニシオーとはアラビア語で「彼は彼を忘れた」という意味だから覚えやすかったのだろう。
カリーマ「でも、ニシオーは家族と同じだからいいのよ」
ここでぱっとはじけるようにヌハーニの意味が納得できた。カリーマの説明にはふたつの重要事項が含まれていた。ひとつはヌハーニの意味。つまりジバーリ方言には、手が届く範囲を指すヌハーニと遠くを指すヘノート、そしてその間にあって近くを指すヘニという三区分があるということ。もうひとつは、物理的な空間区分を説明するために人間関係という概念が利用されているということだった。

つまりジバーリ部族のあいだでは、言語使用にさいして物理的な空間区分と人間関係という概念が連想的にからみあっているということになる。のちにジバーリ部族における他者観を含めた人間分類について考えていくときに、このヒントは重要な意味を持つことになった。

ささいな疑問が大きなステップに

こうしてカリーマのおかげでジバーリ方言の独特な空間区分、ひいてはそれがほかの空間関係を意味する前置詞などにも関与していることがわかった。たとえば「〜の前に」をあらわす前置詞の場合であっても比較的近い前と比較的遠い前を区別しているし、「〜の後に」の場合も同様だった。ただし、前置詞の中にもそうでない場合もあった。

たとえば「〜の上に」は、「〜の前に」などと同様だが、「〜の下に」については標準アラビア語やほかの方言と同じでジバーリ方言にあるような区別はしなかった。最初はこういった違いがなぜあるのかわからなかったが、ずっと気にかかっていた。わたしの経験では、微細な疑問点を無視するかそれにこだわるかというのが、次の発見へのステップを決める分岐点になるように思う。

ある日、スレイマン老が、明日はワーディフェイラーンに行くからいつもより早くおいでと言ってきた。ワーディフェイラーンは聖カトリーヌ修道院に行く幹道の途中にあるシナイ半島最大のオ

写真12　ワーディフェイラーンの果樹園。（1992年1月撮影）

アシスで、聖書にも登場するほど有名な場所だ。これまでに何度も車で通ったことはあったが、そこに暮らす人びとを訪問したことはなかった。

翌朝、スレイマン老のもとに行くと、親族への手土産として果樹園でとれた野菜やトゥールの町で買いこんだ品々をどっさりと車に積みこんでいる。訪問先の親族宅は、フェイラーンの上の方、つまり聖カトリーヌ修道院に近い方にあり、スレイマン老とわたしは大歓迎を受けた。

ジバーリ部族には商店を経営している人もおり、親族宅でも小さなキオスク風の店を開いていた。小さい店ながらコンビニ風で何でもおいてある。ワーディフェイラーンにはナツメヤシが繁り、豊かな水を利用した野菜畑が広がっている。とても沙漠のどまん中にあるとは思えない。

シナイ半島のアラビア語では、果樹園や農園のことをジュネーネとよぶ。もとは天国を意味することばだ。地下水をくみあげる水の音がとうとうと聞こえ、小鳥がさえずっている。まさに沙漠のパラダイスだ。

南シナイには大小さまざまなワーディが多い。ワーディとは涸れ川のことだ。ふだんは谷状に

写真13　南シナイで最も美しいといわれるワーディイスラ。(1992年1月撮影)

なっているが、雨季（シナイ半島では冬）にまとまった雨が降るとセールとよばれる洪水になる。セールは濁流となっておしよせ、一気にワーディをすすんでいく。セールに流されてひっくりかえっているバスを見たこともあった。

セールによる濁流を避けるため、周辺の家屋はワーディをみおろす高い斜面に作られる。村があるのはワーディの出口からはいくぶん離れた場所に限られる。南シナイに暮らす人びとにとってワーディは重要な生活空間であるため、ワーディの地形に関する語彙やワーディを移動する動作などを含めた語彙など、ワーディをめぐるさまざまな特殊な民俗語彙がある。

このような一連の語彙を比べているうち、ワーディの方向つまりセールが流れる山（ジャバル）側から出口の方向が、彼らの方位感覚として重要な役割を果たしているということに気づいた。ワーディの上方（山側）はアーハルで下方（出口）はアウワル、それぞれの方向に行く行為を表すものとしてサンナドとサーフという独特の動詞がある。

さらに驚いたのはアーハルからの位置を指し示す前置詞には「〜の上」を表すのと同様にふたつの区分があり（アアラとミンハルド）、より離れた方については同じ単語が使われていた。つまりワーディの上方（山側）アーハル側については手の届く範囲内の近い場所とそうでない場合の区別がされているのだが、逆方向のアウワル側には、「〜の下に」と同様にこのような区分はない（アスファルのみ）。

人間がことばで表現する方向表現には東西南北のようにどこでも同じ方向となる絶対的方位と、ある特定のものを基点としてそれに対する方向を示す相対的方位がある。左右の区別も自分を基点にした相対的なものだ。京都の人が「五条通りをお上《あが》りやして」と言うと坂を登るのかと思うが、実際には御所を中心にした方位であり、かつての大阪でも大阪城を中心に同様の表現をしていた。このような方位を民俗方位とよんでいる。

ワーディフェイラーンでの話にもどろう。夕飯時となったので座ろうとすると、家長が「ガーディ（向こう）」と、わたしの座る場所を言ってきた。そこで家長から離れたところまで行くと、「違う、ガーディだ。あんたは食卓からガーディのところに座って」と言う。え？　食卓から向こうに離れろということなのかな、お相伴はできないのかなと思っていると、わたしの手をつかんで「ここだよ」と座らせてくれた。食卓のそばで料理をとりやすい場所だった。そのときはわけもわ

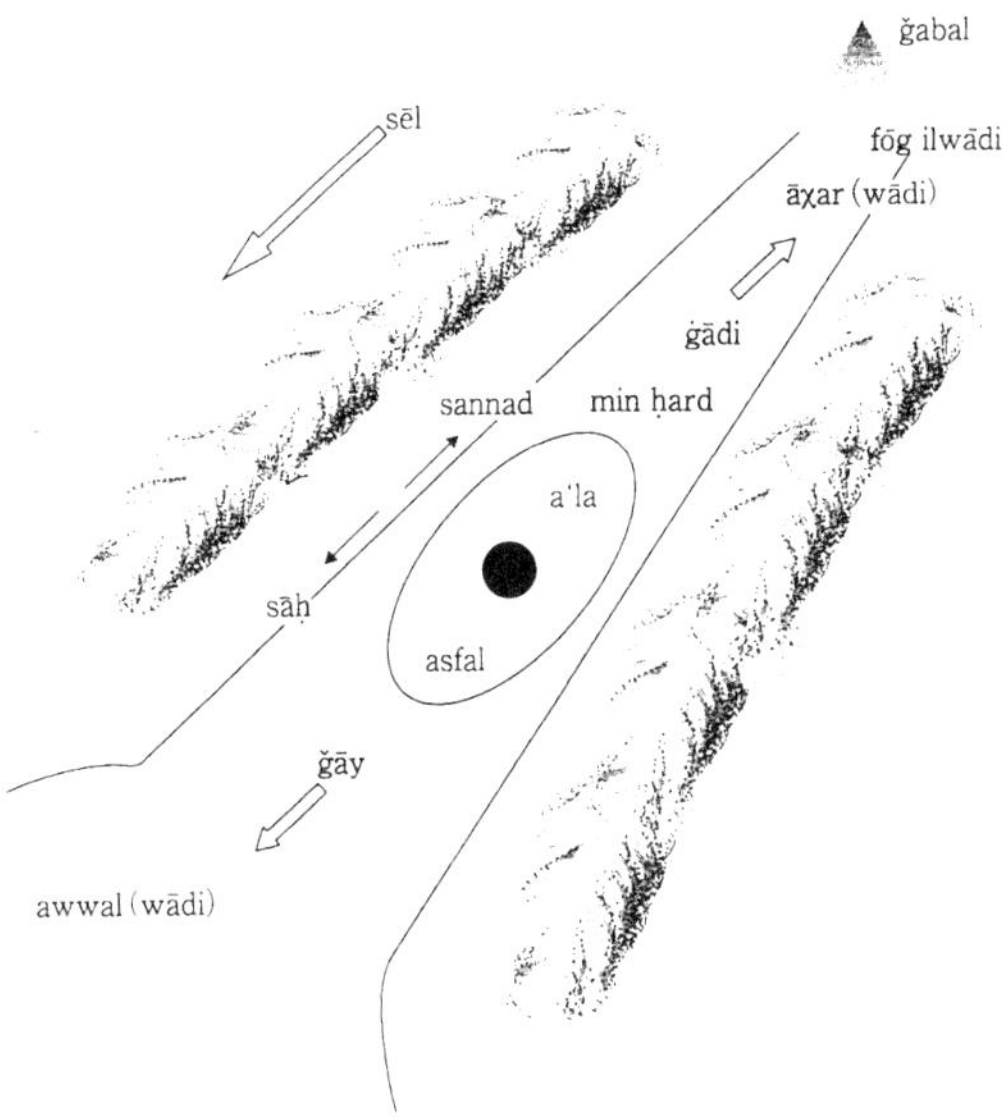

図3　ジバーリアラビア語のワーディをめぐる民俗方位。ジバーリ部族の場合、ワーディ（ワーディフェイラーンとそれに連なるワーディ）のもっとも上の方向の部分（フォーギルワーディ）に聖カトリーヌ修道院があることも興味深い。

からずに、楽しい食事に時を忘れた。

あとでカリーマにそのことを話した。機転のきくカリーマは、今度はコップと火鉢をもってきてわかりやすく説明してくれた。要するにワーディの方向が基点となっていたのだ。カリーマは、ワーディの下（アウワル）をジャーイ、上（アーハル）をガーディで示した。

「AはBからジャーイに座っている」と言えば「AはBよりワーディの下方向（アウワル）に座っている」という意味になり、逆に「AはBからガーディに座っている」と言えばその反対の位置関係

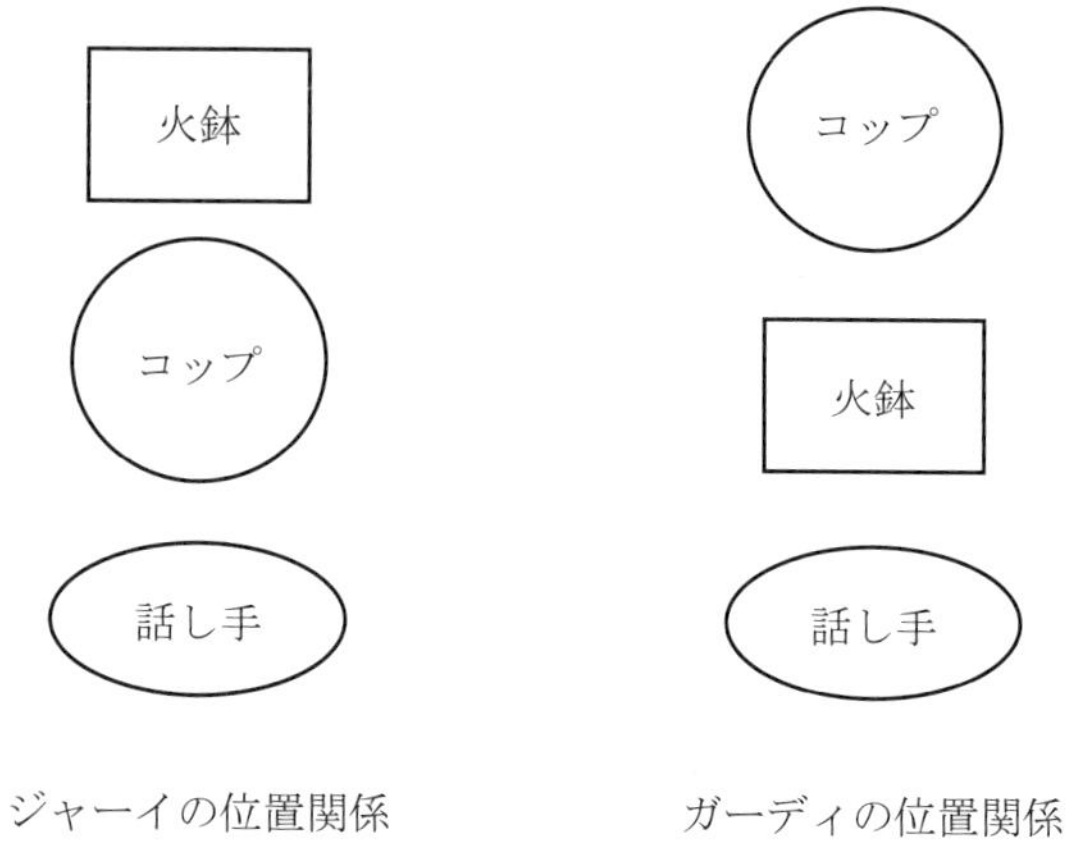

図4　ジャーイ（左図）とガーディ（右図）の位置関係

を表す。

「わたしもよく使っているわよ。でもここは平地でワーディの方向がわからないから、ワーディの方向は関係ないわね」カリーマはそう言いながら、コップと火鉢をわたしの目の前に置いた。「『コップは火鉢よりジャーイにある』というのがこれ、逆に『コップは火鉢よりガーディにある』というのがこれよ」と、それぞれの位置を変える。つまりワーディが関与しない場合は、話し手とそこにあるものの相対的位置が関係するわけだ。なるほど納得！　これは大発見だった。

このワーディをめぐる民俗方位については、その後、英語論文の形で発表した。遊牧民方言についてここまで調査した報告はわたしの論文が最初のものだった。

そうこうしているうちにスレイマン老よりもカリーマと二人きりで部屋の中にいることが多くなった。日本に帰るさいにあいさつに行くと、ソブヒー氏がカリーマを日本へ連れていけと言う。自分は結婚しているし三人も子どもがいると答えると、スレイマンじいさんだって新しい奥さんをもらったばかりなんだから気にするなと返してくる。「えー、そうなんだ、じいちゃんやるな」と思いつつもカリーマの気持ちのこともあるしとか何とかいってその場は辞退して帰った。

歩く民話集、マブスータ

確かに若い男女が二人きりで部屋にこもっていたりすれば、洋の東西を問わず誤解のもとになる。あるときなどは、ソブヒー氏の妻マブスータがベドウィン女性とイスラエル兵の悲恋の物語をわたしにだけ話してくれた。イスラエルの占領時代に二人は恋におちたのだが、兵士にはエルサレムに奥さんがいた。女性は兵士の後を追って沙漠に入ったきり消息がつかめないというお話だった。

これには面食らった。カリーマとのことを暗に言っているのだったらどうしよう、などと思いながらもひさしぶりにソブヒー家を訪れると、カリーマがジバーリとは別の部族に嫁ぐことになったと聞かされた。ただしマブスータによると、カリーマはこの縁談に乗り気ではないらしい。

結局カリーマは、一度は嫁いだもののあまりにもふがいない夫に三行半《みくだりはん》をつきつけて実家に戻ってきたそうだ。今は同じジバーリ部族の夫と再婚して幸せに暮らしている。

イスラーム世界、それも遊牧民社会と聞くと、女性がしいたげられているのではないかと思う人が多いのではないだろうか。確かにそういう一面はあるとしても、カリーマはしっかりと自分の意志を持った強い女性だった。マブスータも女家長の名にふさわしい堂々たる女性だった。そしてわ

写真14　パンを焼いているマブスータ母さん（右）とカリーマ嬢

たしにとってマブスータは、ジバーリ部族内で人間関係をつむいでいくときの母親のような存在だった。

　彼女は、聖カトリーヌ修道院近くの沙漠にあるバガーボグという今では消滅した小村で生まれた。当時のことだから満足な学校教育も受けておらず、読み書きはほとんどできなかった。だが、口はたつし、いろんなことをよく覚えていた。言語調査の次のステップとして民話などの長い文章を聞きとることになったとき、ジバーリ部族に伝わるむかし話をたくさん語ってくれたのがマブスータだった。まさに歩く民話集だった。

　この文章を書いている現在、スレイマン老はとうに他界しており、マブスータも十年ほど前に亡くなった。最後に会ったのは、アラビアンナイト特別展の準備もあって民博の映像チームとシナイ半島を訪れたときだった。肝臓に重い病気があり、手術をしないといけないと言う。彼女の悲しそうな顔を見ていると、ひょっとするとこれが今生の別れになるのではという不吉な予感がした。擬制的な家族ではあっても息子としてできるだけのことをしようと思い、高額な手術費用の足しになればとポケットマネーからいくばくかのお金を渡して帰った。

彼女が語ってくれた民話の中に「りっぱな血をひくおこないのすぐれた人びと」という話がある。この話を聞いたとき、特別な宝物を見つけたような気分になった。この民話には、シェイクスピア作『ヴェニスの商人』で有名な人肉一ポンドのモティーフが出てくるのだ。この物語との長いつきあいが始まろうとしていた。

「りっぱな血をひくおこないのすぐれた人びと」

昔々、一人の男が妻と息子といっしょに、さばくで暮らしていました。男は妻に「息子が自分で言いだすまでは、結婚させてはならない。そして息子には『りっぱな血をひくおこないのすぐれた人びとの娘なら結婚してもよい』とわたしが言っていたと伝えなさい」と言いました。

しばらくして男が亡くなると、息子と母親があとにのこされました。やがて、息子が結婚したいと言い出したので、母親は父の言いつけを聞かせました。息子はりっぱな血をひくおこないのすぐれた人びとをさがしに行きました。

とある部族のところに立ち寄ったところ、ちょうど婚礼がおこなわれていました。でも、この婚礼は部族のかしらの娘を怪物に嫁がせるものだったのです。ここではおそろしい怪物に娘を花嫁としてさしだすしきたりがあったのでした。もし、娘を差し出さねば、怪物が一年間水をとめてしまうのです。息子はこれを知ると花嫁のところへ入っていきましたが、人びとはだれも気がつきませんでした。

「ここから出ていかないと、怪物がやってきて二人とも殺されてしまいます」と花嫁が言いました。

「ぼくはきみよりすぐれているわけではないけれど、武器をもっているから怪物をやっつけられるでしょう」

しばらくして、怪物が花嫁のところへ入ってきました。息子が武器で怪物をひと打ちすると、怪物は死んで地面に投げたおされました。

朝になって人びとは怪物が殺されたことを知りました。花嫁の父親が

「怪物を殺した人とわたしの娘を結婚させよう」と言いました。

息子はすすみ出ると「怪物を殺したのはわたしです。でも結婚は望みません。それよりも、りっぱな血をひくおこないのすぐれた人びとのことを教えてください」と言いました。

かしらは「りっぱな血をひくおこないのすぐれた人びとは、サアーダの町にいますよ」と答えました。

息子はさばくに入ってサアーダの町をさがしました。とうとう、りっぱな血をひくおこないのすぐれた人び

とのところに着き、そこのかしらに「あなたの娘、スルターナと結婚させてください」と言いました。かしらは「わたしの娘のマハル（婚資金）は、黄金を積んだ四十頭のらくだですよ」と答えました。

息子は四十頭のらくだをさがしにさばくに出かけ、山の中ほどでらくだを見つけたのでこれを捕まえると、黄金をあきなう商人のもとへ連れていきました。そして商人に「四十頭のらくだに黄金を積んでください」と頼みました。

商人が「だれがあんたの借りを保証してくれるのかね？」と聞くので、息子は「四十日後にもどってきて黄金をかえさなかったら、わたしの肉を一ロトル（約四五〇グラム）切りとってください」と答えました。

息子は黄金を積んだ四十頭のらくだを連れて、りっぱな血をひくおこないのすぐれた人びとのところへ帰り、かしらの娘と結婚しました。

結婚して六十日が過ぎ、息子は途方にくれました。花嫁のマハルとして支払った黄金を返すあてがなかったのです。息子は約束をはたすため、商人のもとへ行かなくてはなりませんでした。

息子は商人に「わたしの肉、一ロトルを切りとってください」と言いました。

そのころ、妻は男の服を着て夫のあとから商人のところへやってきました。商人が一ロトルの肉を切りとろうとすると、妻は商人に「その男のからだを切ってはいけません」と言いました。

商人は「これは、わたしの権利です」とことばを返しました。

妻は商人に「あなたの権利を取りなさい。でも、多すぎても少なすぎてもいけません。多すぎれば、あなたの首をはねます。少なすぎても、あなたの首をはねますよ」と答えました。

商人は首をはねられるのがこわくなり、息子がもっていった黄金を帳消しにしてやりました。息子は家にもどると、妻の父であるかしらに「わたしの一族のもとに帰りたいのです」と言いました。

かしらは娘夫婦に二頭の馬をあたえ、息子は妻といっしょに母親のもとへ帰りました。

「お父さんの言いつけをはたしました。りっぱな血をひくおこないのすぐれた人びとの娘と結婚したのです」

第三章　アラビアンナイト――中東と西欧の合わせ鏡

膨大な博物館コレクション

これまでにアラビアンナイトに関する本を何冊か書きあげた。最初にふれたように、少年時代からアラビアンナイトに関心があったわけでは、まったくない。子どものころに、アラジンだとかシンドバードの話を聞いたか読んだような覚えはある。だが、アラビアンナイトについての基礎知識を得たのは、英国学士院（ブリティッシュアカデミー）に招へいされてロンドンで研究生活を送っていたときのことだった。

イギリスに行くことになっていたのは別の大学の先生だったのだが、ご本人の都合がつかなくなって二番手のわたしに順番がまわってきた。基本的に英文学や英語学などイギリスを専門にする研究者が招へいされることになっていたから、アラブ研究者がイギリスに行けるのはかなりラッキーだった。ロンドンについてまずふたつのことにびっくりした。ヒースロー空港まででっかい高級リムジン（アメリカ大統領が乗っている長い車！）が迎えにきてくれたこと。もうひとつは学士院からの毎月の奨学金のために銀行口座を開きに行ったときに、窓口にいたロンドンっ子の英語がさっぱりわからなかったことだ。カイロでも地元っ子のアーンミーヤでさんざん苦労したが、このときも口座を開くまでに大変な苦労を味わった。窓口の相手も同じくらい苦労したのではないだろうか。

ロンドン行きの目的は、前章でふれた民話「りっぱな血をひく……」に関する資料集めだった。この民話には、主人公が借金を返せなくなったときに人肉一ポンドを要求するシャイロックのような商人が登場する。言うまでもなく、シャイロックはシェイクスピア作『ヴェニスの商人』の登場人物だ。シェイクスピアに関する文献をさがすのなら何をおいてもまずはイギリスだし、それこそ七つの海を支配した大英帝国時代に世界中からかき集められた膨大な資料の中には、知られざるシャイロックが埋もれているにちがいない。しかも大英帝国が集めた資料の中には中東関係の稀覯写本が山ほどある。

わたしは現代のアラビア語方言をフィールドワークで調査する一方で、その歴史的形成にも関心を持っていたので、中世のアラビア語方言を再構するために、ユダヤ・アラビア語の文献学的研究もすすめていた。イギリス滞在の第二の目的は、大英図書館が所蔵するユダヤ・アラビア語文献の現物を調査することだった。

ユダヤ・アラビア語は、イスラーム世界にいたユダヤ教徒がヘブライ文字を用いてアラビア語を書いたものだ。特にカイロのシナゴーグから十九世紀に発見されたゲニザ文書には、有名な死海文書にまさるともおとらない価値がある。この中には中世ユダヤ商人の手紙や商業文書があり、中世イスラーム社会史の一級の資料となっていた。歴史研究者にとっては量の多い十一～十三世紀のものが重要とされてきたが、アラビア語方言研究者にとっては、口語表現が多用されるようになった十七〜十八世紀以降の文書がまさに手つかずの宝の山だった。

中東関係の写本を調べたいと思うのなら、中東諸国ではなくて欧米諸国の図書館を訪れなくてはならない。ひじょうに残念なことに中東諸国では戦争や紛争のため、貴重な書籍や写本が次々と失われてきた。高校の世界史の教科書にはかならずでてくる「知恵の館」、すなわち、最盛期のバグダッドにあった大図書館はモンゴル軍の侵攻によって灰塵に帰したといわれている。最近では二〇〇三年のアメリカ軍によるイラク侵攻の結果、国立の図書館や博物館を含む多くの学術施設が甚大な被害をこうむった。

ついでながら、大英博物館はいうまでもないが同じくロンドンにある自然史博物館のコレクションにも圧倒された。同博物館のウェブサイトによると、四百年をかけて収集された生命科学・地球科学分野のコレクションは八千万点におよぶらしい。イギリスは日本にくらべると動物の種類が少ないそうなのだが、同博物館が収蔵する哺乳類の標本は五十万点にもなる（二〇〇四年）。上野にある国立科学博物館は三万三〇〇〇点だそうだ（二〇〇五年）。

日本では絶滅してしまったニホンオオカミの標本にしても、ロンドンの自然史博物館やライデンの自然史博物館で見ることができる。近世以後の西欧は、すさまじいいきおいで世界中からありとあらゆるモノを集めたのだ。エジプトに侵攻したナポレオン軍が収集した膨大な資料がもとになった記念碑的著作『エジプト誌』には、ヨーロッパが東方世界をインデックス化し、自らの知的目録の一部として操作しようとした動きが結晶化されている。

『ソロモン王の黒い子どもたち』

こうして大英図書館通いをしていたある日、ロンドン大学のチューダー・パーフィットという先生からぜひ会いたいという連絡があった。教員用のレストランでランチでもというので、いりくんだ構内で迷いに迷ってそこまでたどりついた。

もちろん初対面だし、彼がどういう研究をしているのかまったく知らなかった。彼はロンドン大学でユダヤ教に関する授業を担当しており、世界に散らばって住んでいる自称ユダヤ人あるいはユダヤ教徒という存在を目下の関心事としていた。

イスラエルの第二神殿が破壊された後、ユダヤ教徒はパレスチナから世界中に散らばっていった。いわゆるディアスポラだ。伝説によると東に向かった一支族があり、その消息は歴史の闇に消えてしまったらしい。パーフィットはその伝承を調べていくうちに、自らをユダヤ教徒あるいはユダヤ人となのる集団が世界各地に散在していることを知り、彼らが本当にユダヤなのか、そうだとすれば失われた支族の末裔なのか、あるいはどういう経緯でユダヤと自称しているのかという疑問を持つようになり、民族集団としてのユダヤ性とは何かという問題と対峙していた。

パーフィットは、失われたユダヤ支族の伝承を追って日本にも来たらしい。たしかに、オカルト的言説の中には日本ユダヤ起源説がある。学術的には何の根拠もないのだが、子どものころにその類の雑誌記事を読んだ記憶がある。四国の各県を上空から見ると黙示録に出てくる四聖獣にそっくりだとか、剣山の山奥には古代ユダヤの神殿があって全長五十メートルもの巨大ヘビが守っているというようなことが書いてあった。当時は、自分の住む四国がそんなすごいところなのかとひそかに喜んだ覚えがある。

ユダヤ人（ユダヤ教徒、ユダヤ民族）とはだれなのかという問題は、とても複雑だ。パーフィットが特に関心をもっているのは南アフリカからジンバブエにかけて住んでいるレンバという人びとの出自だった。彼らはバンツー系の言語を話しており、ユダヤ民族の一支族だとなのっている。

パーフィットがレンバを取材して書きあげた『ソロモン王の黒い子どもたち』という本によれば、レンバの人たちは、東アフリカにイスラーム、やがてキリスト教が広まっていく中で、それぞれの宗教を奉じる民族集団との関係から第三の選択としてユダヤ教を選んだらしい。そしてキリスト教の福音書やイスラームの教義などからユダヤ教についての情報を集積し、自らの民族性として内在化させていったようだ。ただし彼らの出自伝説にはイエメンのサナアから来たというものもあり、一部の人びとはイエメンにいたユダヤ教徒だった可能性もあるらしい。パーフィットが声をかけてくれたのは、シナイ半島のフィールドワークで収集したシャイロックがらみの民話に関するわたしの論文を読んだからだった。

歴史的事実としては、特定の集団が全員でユダヤ教に改宗したという例もあるし、古代アラビア半島でもアラブ系部族がユダヤ教に改宗したことがあったらしい。民族についての見方には、特定の遺伝形質などを代々伝えることによって維持されるという本質主義的なものと、他者集団との関係や文化伝承によって民族という想像の共同体が形成されるという構成主義的なものがよく知られている。

ユダヤ性をめぐるレンバの問題は、東ヨーロッパに出自を持ちながらアラビア語を話すようになったジバーリ部族の集団的アイデンティティー形成、さらにはジバーリ部族から聞きとった民話と同じモティーフを含む世界の物語群を集団的アイデンティティーと他者観の問題に収斂させていくためのステップとなった。

パーフィットはBBC放送のキャスターも務めており、話術にたけた人だった。先に紹介した『ソロモン王の黒い子どもたち』という本は一気に読んでしまい、ついでに翻訳までしてしまったのだが、残念ながらまだ出版の日の目を見ていない。

ベネディクト・アンダーソンは民族集団を「想像の共同体」とよんだ。個人的には、一個人がひとつの集団に同化し、民族として共存しているという感覚は、想像というより妄想に近いものだと思っている。その妄想は言語による言説によって社会的存在となり、さまざまな文化的擬装をほどこすことで内在化された不可分のものとして共有され、その存在を信じることがその存在を肯定することと同意になるとき、民族とは本質的な存在物となるのだろう。

その意味でユダヤ民族という存在はとほうもなくパワフルな妄想の産物なのだろう。そしてその妄想が作りだしたユダヤ民族に自らの姿を投影し、古代イスラエルという理想的な単一民族国家を発案してしまった結果、近代ヨーロッパでは国民国家という実体のないナショナリズムが誕生することになった。

写真15　日本にあるキリストの墓に置かれているプレート

最近、日本における中東観（あるいはオリエント観）の研究の一端で、日本にあるモーゼの墓とキリストの墓を訪問したことがある。モーゼもキリストも日本に来たことはないし、その墓が日本にあるはずもない。だが、キリストの墓に記してある情報によると、キリストは若いときに一度日本にやって来て竹内宿祢なる人物に教えを乞い、パレスチナに戻ってユダヤ教を改革すると、再び弟をともなって日本にやって来てそこで亡くなったという。この内容は、明治期に書かれた有名な偽書である竹内文書に依拠している。

ところが在日イスラエル大使がこのキリストの墓を表敬訪問し、その事実をプレートとして残していた。この不可解な事実についてようやくたどりついた結論は、次のようなものだった。ユダヤ民族が経験したホロコーストという史上まれにみる災難は、ヨーロッパにおけるユダヤへの積年の妄想が現実化したものだった。ホロコーストを経験したユダヤ人は、自分たちにかかわる思想はたとえとんでもない妄想であっても、何らかの歴史的条件が整えば現実として力を持つことがあると知っている。日本にある妄想の産物であっても、彼らにとってはユダヤ教の歴史を形成するパズルのひとつとして処理しなければならない事象だったのだろう。

『アラビアンナイト・コンパニオン』

ジバーリ部族とアラブの問題、それと並行するユダヤ民族の問題は、シナイ半島で収集したひとつの民話を発端としてもうひとつの問題意識へとつながっていった。ひとつの文化や文明を持つ民族集団は、文化や文明を異にする他集団とどのようにコミュニケーションをとりながら自己形成をしていくのだろう?

この疑問は、日本人としての自分自身の視点はどこにあるのかという問題意識とからみあいながら、日本人がもつ中東観への関心へとつながっていった。それは日本になぜキリストの墓があるのかという疑問だけでなく、中東とかかわる人びとにときとしていだく違和感、つまりある種の使命感に燃えてパレスチナ問題やユダヤ問題に没入していき、自己否定を通じて再生の場を求めるように思えるのはなぜだろうかということにかかわる疑問だった。その意味でアラビアンナイトとのであいは偶然だったが、後の展開は必然のものだった。

写真16　ニューヨーク大学アブダビ校の開校を記念してアブダビで開催されたアラビアンナイト国際シンポジウム（後述、98頁）でのアーウィン氏（左）と著者（2009年12月、山中由里子氏撮影）。「あなたの本を読んで翻訳して、アラビアンナイト研究に迷いこんでいます」と言うと、「それは、責任重大だ」という返事だった。

ロンドンの研究機関には中東の稀覯写本がそろっているだけではなく、中東関係を専門にあつかう書店も多い。稀覯本ばかりを集めた世界的に有名な書店もあれば、中東関係の中古書籍や新刊をそろえている書店もある。大英博物館の近くに、ロンドン大学東洋アフリカ研究学院（ＳＯＡＳ）の学生がよく利用する個人書店があった。

何度か通ううちに店主の女性と顔見知りになった。ある日、たまたま立ち寄ってみると、「中東関係のおもしろい本がある」と言って、一冊のハードカバーを紹介してくれた。題名は『アラビアンナイト・コンパニオン』。直訳すると、『アラビアンナイトの手びき』あるいは『アラビアンナイト副読本』のような感じだろうか。

著者はロバート・アーウィン。この人は世界的な中東史学者バーナード・ルイスに師事し、大学では十字軍時代のマムルークを専門に研究していた。このためもあって『アラビアンナイト・コンパニオン』では、基本的な文学理論の紹介もあるが、おもにアラビアンナイトの歴史的な側面に光があたっていた。なにげなくページをくっていくと、思いがけない事実がつぎつぎと出てくる。

ところでアラビアンナイト関係の著書が出てからは、人前で講演をする機会も多くなった。

「アラビアンナイトは千一夜物語ともよばれていますが、最初にまとめられたころには二百夜程度しかなかったらしい」「ほぉ」「そして有名なアラジンとランプの話は、もともとのアラビアンナイトには入っていなかったのです」「へーっ」「実はアラジンは、アラビアンナイトを最初にヨーロッパに紹介したフランス人学者が、人から聞いた話だったのです」「えーっ」というような内容のことをしたり顔で何度も話してきたのだが、実は、『アラビアンナイト・コンパニオン』を手にとるまで、わたしはこれらのことをまったく知らなかった。

アラビアンナイトについて現在わかっていることを簡単にまとめておこう。現存する最も古い資料は西暦九世紀の日付が記された紙片だ。この紙片には、現在のアラビアンナイトの冒頭部分とほぼ同じ内容の短い話が記されていた。しかしながらこの後、中東世界でのアラビアンナイトがどうなったのか、実はほとんどわかっていない。

現在、世界中で親しまれているアラビアンナイトは、十八世紀のフランス人東洋学者アントワーヌ・ガランがフランス語に翻訳してヨーロッパ人読者に紹介したものが土台になっている。ガランが翻訳に使ったアラビア語写本は全三巻。現在はフランス国立図書館が所蔵している。この写本は所有者の名をとって「ガラン写本」とよばれており、まとまった形のものとしては、現時点では最古のアラビアンナイトということになる。このガラン写本は二八一夜で終わっており、アラジンもアリババもシンドバード航海記も入っていない。

シンドバード航海記についてはアラビア語で書かれた写本が残っているのだが、アラジンとアリババはガランの聞き書きによるらしい。これらの話をガランに語ったのは、キリスト教の修道僧だった。ただし彼はシリアの出身だったから、母語はアラビア語ということになる。

アラビアンナイトについては、現在までの研究を通じてふたつの仮説を提唱している。仮説のひとつは、先に述べたガラン写本とは別に、エジプトで誕生した「いくつものアラビアンナイト」があるというものだ。これらのエジプト系伝承には十七〜八世紀ころのエジプト庶民が知っていた物語が採録されており、ガラン写本が代表するようなシリア系伝承とは別系統の物語が集められていた。シリア系伝承がエジプト系伝承と合体することで新しい物語集として再生産され、ヨーロッパの好みにあうような写本に収斂していくうちに最終的には、現在、広く世界で読まれているようなアラビアンナイトのもとになった標準エジプト系物語集が誕生したと推測できる。

仮説の二番めは、文字化される民衆文化としてのアラビアンナイトというものだ。十七世紀以降のカイロなどでは裕福な商人や職人らの中流層が書籍を所有するようになり、口頭で文化を伝承してきた人びとが文字伝承による文化に参入してきた。同時期には地方ごとの特色が顕著となっており、口語方言の影響を受けた中間アラビア語が誕生して民衆文化の文字化を促進した。このような社会変化が第二のアラビアンナイト誕生に影響したというものだ。これらふたつの仮説は、二〇〇四年に民博で開催された特別展「アラビアンナイト大博覧会」、さらに特別展の内容を発展させた国際共同研究からうまれたものだった。

「アラビアンナイト大博覧会」が開催された二〇〇四年は、先に述べたガラン訳出版の三百周年にあたっている。ユネスコでは、同年を「アラビアンナイト翻訳記念年」に指定し、世界中で国際シンポジウムなどの研究が盛んになった。民博での特別展では、わたしが実行委員長になった。特別展の実行委員長としてやらねばならぬことは多い。何よりもまず、展示に必要なものを集めなくてはならない。

アラビアンナイト本の収集

「おじさん、今日は珍しい本ない?」と声をかけると、「どうかなあ」と言いながら店主のゴッチさんが児童向けに書かれた挿絵入りのアラビアンナイトを机の上に置いた。ここはパリの六区にある古書店だ。イスラーム世界を代表する大哲学者のひとりアベンセラージュから店名をとっているだけあって、店主のゴッチさんは哲学者然としており、時おり、するどい質問をあびせてくる。彼とはアラビアンナイトが縁で知りあった。

写真17　パリの古書店アベンセラージュの店主、ゴッチ氏。若いころは故郷のチュニジアで社会主義の政治運動にも参加したそうだが、最近はチュニジアの民主化のために新たな雑誌を発行するなど、本業の古書店のかたわらで故国の行く末を思う気持ちは熱い。(2003年5月撮影)

特別展の実行委員長になるよりも前、アラビアンナイトの研究を始めてまっさきにとりかかったのが、欧米や中東で出版されたアラビアンナイト本の収集だった。ゴッチさんに初めて会ったときのことはあまりよく覚えていないのだが、何度か顔をだしているうちにゴッチさんが大のアラビアンナイト好きだということがわかった。フランスで出版されたすべての関連書を収集中らしく、カタログができたら見せてあげるという。この本を書いている現在、もう少しでカタログが完成するそうだが、いかんせん、相当な額なのでサウジアラビアか湾岸の金持ちが買うだろうと言っていた。せめて公共の図書館に入ればと個人的には願っている。

ゴッチさんからの話によると、先日、イ

スラーム法関係のアラビア語写本の稀覯本を、日本円で一億円を超える額でサウジアラビアの図書館に納入したそうだ。二〇一二年にアブダビで開かれた国際ブックフェアで、アラビアンナイトのブーラーク版初版が出品されたことがある。ブーラーク版というのは、十九世紀にエジプトで印刷されたアラブ世界最初のアラビアンナイト印刷本だ。値段は問いあわせろということだったのだが、返事を見て目が点になった。二巻本の古書につけられた値段は、フェラーリが二、三台買える額だった。湾岸諸国が中東関係の古書を買いあさっていて、値がつりあがっているとは聞いていたが、このときは驚いたというより世も末だと思った。

アラビアンナイト本の収集には、一次資料を集めるということと、書誌学的データを集めるというふたつの意味がある。現代人の感覚からいうと印刷されて出版された本はどの本でも同じだろうと思うだろう。しかし初版と二刷三刷が少しずつ違うこともあるし、十九世紀のヨーロッパで出た本がアメリカで海賊版として出版された場合などには、少なからず改変されていたりする。中東世界では、作品が全集に入ったり、別の出版社から再販されたりすると内容が変更されていることもあるし、政治的な理由や宗教的な事情から作者に無断で改変されたりもする。

十八〜九世紀に出たアラビアンナイトについても同じことだ。最近ではグーグルブックなども利用できるが、すべての版を確認することまではできない。また、先述したアーウィンの著作にも書いてあったように、アラビアンナイトが次々と各国語に翻訳されたといっても（確かにそのとおりなのだが）、実際にどのような本が出て、どれくらい売れたのかという実情はわからない。そういう意味でアラビアンナイト全出版の書誌学データを完成させることがわたしの目的だった。

どうしても欲しかったのが、ガラン訳フランス語版の初版だった。一七〇四年から一七年にかけて十二巻で出版されたガラン版は、パリの国立図書館にも全巻はそろっていない。ベストセラーになったにもかかわらず、というか逆にそのために全巻をそろえるのはほとんど不可能だった。

さすがのゴッチさんもまだ十巻分をそろえて残りの二巻を必死でさがしていた。ゴッチさんに聞いてみると、ほかの古書店もたぶん何巻かはもっているだろうが、全巻そろうまではカタログにはのせないだろうし、まずは金離れのいいお得意さんにみせるだろうねと言う。

ややあっておもむろに、ひょっとしてと言いながら、仲間の古書店の名前を教えてくれた。同伴していた共同研究者の小田淳一先生が、ああ、その店なら知っていると言う。そこの主人は変わっていて、気がむいた日にしか店を開けないからいつ行ってもしまっているらしい。

とにかく行ってみようということで、店の前に着くと「閉店」とあって鍵がかかっているのだが、奥の方からかすかにあかりが漏れていた。どんどんとドアをたたきながら大声をあげると、人の気配がして店主がドアをあけてくれた。今日は休みだけどと不機嫌そうな顔だ。わたしたちは日本から来て明日帰る予定でとか何とか言うと、しぶしぶだが店に入れてくれた。

ゴッチさんから紹介されたのだけど、ここのお店にガランの初版があるかもしれないということでやって来たと言うと、店主はゲラゲラ笑いだし、とんでもない、わたしだってそんな稀覯本、ずっとさがしているけれど見たことないよと言う。

それは残念、ガラン訳三百周年を記念した特別展を開くのに、一巻でも数巻でもいいから初版が欲しいのだがと言うと、店主がそわそわし始めた。それからとある棚の前に置いてある本をどけ、さらにその奥の本もどけて、一番奥から何巻かの古書を大事そうにとりだしてきた。

全部そろったら売ろうと思っていたけれど、ここに七巻分あると言う。手にとってみると、確かに初版本だ。売ってくれますか？ どうしようかなあと店主。しばらく押し問答をしていると、わかった、売ろうと店主。値切るのも忘れて言い値で買ってしまった。

次の日、戦利品持参でゴッチさんのところに行った。ゴッチさんが茫然としている。まさか本当にあるとは思っていなかったらしい。後で気づいたのだが、この時に買った七巻のうち、第一巻と第二巻は初版ではなく第二刷だった。シンドバード航海記が入っている第三巻以降は本当の初版だった。最近になってゴッチさんから連絡があり、初版の第一巻と第二巻を入手したからあんたにゆずってあげようといってきた。というわけで、現在は十二巻のうち七巻が手元にある。生きているうちに残りの巻をそろえたいものだ。

特別展の開催準備

こうして特別展「アラビアンナイト大博覧会」のための準備が着々と整っていった。特別展のテーマは大きくふたつ。ひとつはアラビアンナイトが世界文学になっていった過程の紹介。もうひとつはアラビアンナイトを窓口としてアラブ文化や中東イスラーム世界について紹介することだった。

　さらにサブテーマとして、アラビアンナイトを媒介とした中東観にも着目した。西欧がアラビアンナイトを通じて中東をどのように見てきたか、あるいはその視点においてアラビアンナイトがどのようなはたらきをしたか。そして明治以降、中東を見る西洋の視点を移入した日本では、どのような中東観が生まれたのか、日本はこれからどのように中東とつきあえばいいのだろうか？

　アラビアンナイトは単なる物語ではなく、西欧と中東のふたつの文明間を媒介しながら自らも成長し、新たなジャンルの新たな文学として変化してきた。ユネスコの提唱した三百年記念というのは、アラビアンナイトの歴史を通じて文明間の対話を再生させようというこころみだった。

　わたしは、ふたつの方向からアラビアンナイトへのアプローチを開始していた。ひとつはシナイ半島で収集した物語を分析する方法論をめぐるものだ。民話などの物語は、当該社会の現実をどのように反映しているのだろうか？　そこから人びとの考え方や価値観というものを抽出できるのだろうか？　抽出可能だとすればどのような方法があるのだろうか？　そのためには物語とそれを紡ぐ人（びと）の発生の現場に立ちかえって、アラビアンナイトをとらえなおす必要がある。

　もうひとつは、アラビア語原典からの日本語訳アラビアンナイトを世に出した前嶋信次先生や池田修先生の業績をうけて、研究を次の段階へと展開させる道を探ることだった。

　またこれらと並行して、ふたつの基礎作業も開始した。ひとつは最も完備したアラビアンナイト原典とされているカルカッタ第二版を、デジタルデータとしてコンピュータに入力するというものだ。ただ、カルカッタ第二版のコピーを手に入れるのが大変だった。今ならグーグルブックに入っているからすぐに見られるのだが、当時、日本には現物がなかった。同版からの日本語訳をてがけた前嶋先生も現物ではなくてコピーをもとに翻訳したそうだ。

カルカッタ第二版は相当な分量になるので、おいそれと海外の図書館にコピーを依頼するわけにもいかない。そんなとき、イスラエルにおけるアラブ研究を調査することになった。ヘブライ大学の図書館に行くと、閲覧棚にカルカッタ第二版がでんと置いてあるではないか。イスラエル滞在中にせっせと図書館通いをしてはコピーしたのだが、到底まにあわない。そこで、同大学に在籍していた友人に費用をわたしてコピーを送ってもらうことにした。

今でこそウィンドウズでのアラビア文字入力は簡単になっているが、当時はアラビア文字の入力からして大変な作業だった。情報工学に明るい共同研究者や技術スタッフらの力を借りて作業をすすめたが、入力を終えるまでに五年が必要だった。

この後は、完成したデータベースをウェブサイト上で表示するシステムを開発した。個人名、衣食住にかかわる物質文化語彙、音楽などさまざまな語彙を検索して当該の単語が生起する前後の文脈と一緒に文章を表示することができる。現在は、このデータベースをもとに地名や人名などの固有名詞をはじめとするすべての文化語彙項目にインデックスをつけ、アラビアンナイト文化語彙辞典の編集にとりかかっている。

「ヤング・シェヘラザード」

アラビアンナイト特別展ではアラビアンナイトを次の世代へと語り継ぐこころみのひとつとして、漫画家のモンキー・パンチ氏と一緒に「ヤング・シェヘラザード」という3ＤＣＧによるアニメの短編を制作した。この作品では、シェヘラザードが王宮に召されて物語を始める以前のエピソードが語られる。

『ルパン三世』の作者として知られるモンキー・パンチ氏は、アラビアンナイトを漫画化した『千夜一夜物語』の制作に意欲的にとりくんでいた。

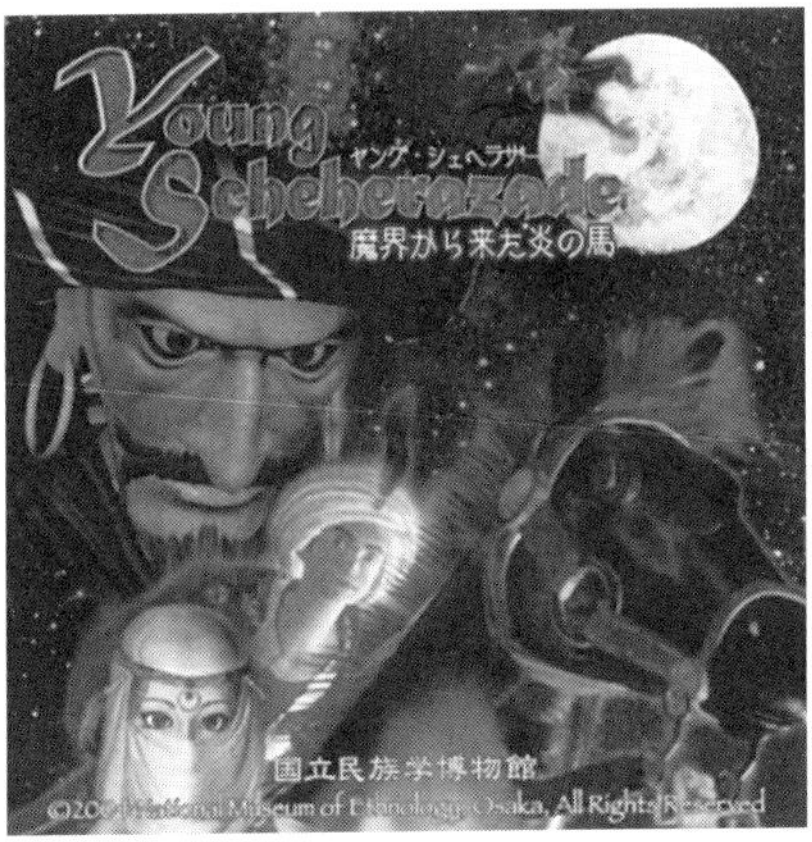

写真18　『ヤング・シェヘラザード』のＤＶＤ表紙

アラビアンナイトの豊かな物語性は、多くの作家を魅了してきた。アラビアンナイトと漫画の歴史はけっこう古い。一七〇五年にオランダで出版された海賊版のガラン版や一七〇六年の英語訳にも、アラジンに登場する魔人の姿が描かれている。映画登場前の幻灯機でも、シンドバードの有名な場面がガラス絵に描かれた。

アラビアンナイトを作品化するさいには、大きくふたつの方向がある。ひとつはもとのストーリーをできるだけ忠実に再現しようとするもので、もうひとつはさまざまな話からキャラクターやモティーフを自由に組み合わせて、アラビアンナイト風の物語を二次的に創作するものだ。モンキー・パンチ氏はできるだけ作品に忠実に漫画化したいということだった。

氏とは特別展よりも前から面識があった。わたしがアラビアンナイト研究をはじめてまもないころ、民博広報誌『月刊みんぱく』の取材でお話をうかがって記事にしたことがある。『月刊みんぱく』には、イベントや活動の紹介だけではなく、民族学（文化人類学）やその成果を一般の人びとにもわかりやすく伝えようという目的があった。

当時は、編集者がさまざまな分野で興味深い活動をしている人たちにインタビューするコーナーがあった。民博に入るとすぐに編集を担当することになり、この作業を通じてアカデミックな研究成果を一般の人びとに伝えることがいかに重要で、そのためにはどのようにすればよいかということをおそわった気がする。

モンキー・パンチ氏には、特別展のさいにもインタビューをして長編番組を制作した。くわしくはビデオテーク（民族文化を紹介する映像装置）番組「アラビアンナイト学への招待―モンキー・パンチ・おおすみ正秋と語る」をごらんいただきたい。

同番組によると、モンキー・パンチ氏がアラビアンナイトを漫画化しようと思った動機にはふたつのものがあった。アラビアンナイトは子ども向けのイメージが強いが、実際に原典を読んでみるとお色気もあり、大河ドラマ的な要素、推理小説やSF的な要素、ファンタジー的な要素などさまざまな要素が入っていて、『ルパン三世』をつくるときの参考になるという。

もうひとつは、悪役とされた人物に現代的な解釈をこころみたい。また、アラビアンナイトに登場する女性たちには峰不二子を思わせるような強さがある。オリジナルの物語を中心軸に新しい表現を加え、二十一世紀のアラビアンナイトを現代の世に送りたいということだった。

モンキー・パンチ氏と話していて、漫画家はスランプになるとまったく描けないと聞きますけど、そういったときはどうされるのですかと訊ねると、そのへんにある写真の中から一枚を抜きだしてきてそこから想像を膨らませるのだそうだ。

写真を見ると現実の瞬間をそのままコピーしていると錯覚するけれど、実際には時間の前後関係や写っている人のことがわからなければ、幾千幾万とおりの解釈が可能だという。

写真は情報を極大化しすぎている。そこからパターンとしての情報つまり物語性を抽出することはむずかしい。あらゆる可能性が内包されているからだ。AがBの首にナイフをあてている写真があり、死体となったBの首にナイフが刺さっている別の写真があったとしても、AがBをナイフで殺したとは断言できない。だが通常は、二枚の写真を見てAがBを殺したという物語をつむぎだすことになるだろう。

「ヤング・シェヘラザード」のストーリー構成は、『ルパン三世』のテレビアニメ初期のころから同作品にかかわってきたアニメ監督のおおすみ正秋氏がひきうけてくれた。おおすみ監督は若いころに劇団活動をしていてアラビアンナイトを題材にしたことがあり、以前からやってみたいと思っていたそうだ。

おおすみ監督によると、劇団時代の経験がアニメや3DCGの作成にとても役に立っているということだった。たとえばCGを使って人間やモノに光をあて、夕暮れやさまざまなシーンを演出する場合には、舞台経験でつちかった勘を頼りに光源の位置や方向を決めるそうだ。

またさまざまなものの色を決めるさいにも、いきなりCG制作の現場に来た人より、日本画や洋画などの作画経験のある人のほうがいい色を出せるらしい。コンピュータ上で操作すればあらゆる光の加減や色あいを出せるけれども、自分なりに場面を解釈して自分なりの色を塩梅していくという作業には、具材や道具を使った身体知的経験がものをいうということなのだろう。

太古から人間が物語をうみだしてきたのだとすると、体験を具現化して語りだす手法は、口承や書承さらに映画やアニメと形が変わっても、基本的には語りだす側、作りだす側の存在とその身体性につながっているということかもしれない。その意味でアラビアンナイトは、物語の情報内容としての素材、それを文字や声や映像や画像によって具現化する具材、それが生起する場所を、時代とともに変えながら存在してきたといえる。

ではアラビアンナイトをアラビアンナイトたらしめている属性とは何だろうか？　どこを切り捨て、どこを残せばアラビアンナイトはアラビアンナイトであったり、なくなったりするのだろうか？　特別展ではアラビアンナイトの中の「せむしの物語」を日本の伝統文化である落語という枠の中で再現してみた。演者は桂九雀師匠だ。九雀師匠は、物故した桂枝雀師匠のお弟子さんにあたる。落語を劇風にしたり音楽にからめたりと、何にでも挑戦するところは師匠ゆずりだった。

師匠がパーソナリティーを務めるラジオ番組にゲスト出演した縁がきっかけとなり、日本でただ一人という落語作家の小佐田定雄氏にお願いして「せむしの物語」を落語にしてもらった。初演当時は原作そのままに中世のバグダッドが舞台となり、キリスト教徒やムスリムが登場していたのだが、バージョンアップするうちに「太兵衛餅」という題名で江戸の長屋の話になってしまった。この噺を聞いてもとはアラビアンナイトの話だったとはだれも思わないだろう。

アラビアンナイトの物語には、普遍的なテーマが含まれているのだろう。だからこそ「せむしの物語」は「太兵衛餅」になった。アラビアンナイトに限らず、時代をへて伝承されてきた物語には、だれにでも理解可能なところがあるのだろう。

少し後になるが、語り手として活躍している茨木啓子さんと合作した『子どもに語るアラビアンナイト』（こぐま社、二〇一一）をめぐって、興味深いことがあった。編集者からは、「このお話のメッセージは何でしょう？　どういう教訓があるのでしょう？」という主旨の質問があったのだが、わたしがアラビアンナイトの研究を通じて得た結論は「アラビアンナイトのおもしろさは、教訓から逸脱したところにある」というものだった。

物語を聞く人は、語り手がつむぐ物語空間の中に没入することで自分を現実世界から切り離し、物語を聞き終えると、再度、現実の世界に戻ってくる。この過程を通じて自分という存在を再確認することができる。

茨木さんの語りがみごとなせいもあっただろうが、ある小学校の図書室で子どもたちに『子どもに語るアラビアンナイト』を聞かせていたとき（彼女はテキストを暗記し、子どもたちの顔を見ながら語っている）、語りがおわった瞬間、ある女の子がはっとわれにかえってここは図書室だったんだと叫んだそうだ。このエピソードは、アラビアンナイトの正典とは何か、あるいはその正統な後継者とはだれなのかという基本的な疑問を解く鍵となった。

民話研究用のデータベース構築

どこまで行ったらアラビアンナイトはアラビアンナイトでなくなるのかという疑問は、物語というものはどこまで分解したら物語でなくなるのかという疑問とつながる。そして、アラビアンナイトというアラブの一大説話集が世界の民話や説話とどこまで共通しているのかという疑問へとたどりつく。

民話を含めた従来の物語研究では、構造主義から記号学をへて文学理論一般に包括されるさまざまな分析方法が提唱されてきたが、物語内世界の事象があまりに多岐にわたるため、これらを網羅的に体系化して物語相互の照応関係を分析するまでにはなっていない。つまりさまざまな物語分析手法は開発されたが、物語学という領域は存在しないのだ。

世界中で語られている民話は特定の地域に偏在し、その地域の文化に固有に見える一方で、地理的にまったく離れた地域に類話や同じモティーフが見つかることもある。民話研究者は民話の分析を通じて、それを伝える社会や文化の特徴を浮かびあがらせようと努めてきた。

共同研究者の小松和彦先生も指摘したように、世界中の民話を比較研究するためには、膨大な民話資料をリファレンスできる民話研究支援のためのモティーフ索引データベースの構築が必要だ。従来の民話データベースはアールネとトンプソン提唱の話型やモティーフを単位としているため、物語要旨や部品カタログ的機能しか持たず、科学的分析のためのデータとして用いるには再処理が必要となる。民話や昔話などの話型とは個々の物語ではなく、その物語の形態によって分類した特徴的な筋のことであり、モティーフとは話型を構成する単位としての主要登場人物の行為や出来事にあたる。話型についてはアンティ・アールネとスティス・トンプソンによるAT分類、モティーフについてはスティス・トンプソンによるモティーフ索引が国際的な標準となっているが、必ずしも世界の全ての民話や昔話に適用できるわけではないとか、分類が恣意的であるとかの問題も指摘されている。

そこで、従来のデータベースにみられる解釈者による恣意的分類を排除しながら、小田先生や永崎研宣先生と共同で民話モティーフ・データベースを構築した。それと同時にこのデータベースを利用してモティーフごとにその地域分布を示す民話分析援用システムも作成した。アラビアンナイト特別展では、一般の人も楽しめるような改良型が紹介された。

物語を分析したりデータベースを作ったりしていると、アラビアンナイトがどうして世界文学になったのかという謎の答えが見えてくる。もちろん最大の答えは著作権がないからだ。著作権がない作品は、どれほど改変してもかまわない。その意味でアラビアンナイトの歴史では、正統なアラビアンナイトを希求する一方で、各物語のパーツ化やキャラクターや小道具のツール化によるアラビアンナイト風物語が際限もなく再生産されてきた。

これまでに三回映画化された「バグダッドの盗賊」という作品がある。もっとも有名な二作めは、当時最新の特撮技術を駆使して作られており、DVDで鑑賞しても充分におもしろい。アラビアンナイトの「黒檀の馬」がベースになっており、美男美女が登場して悪者をやっつけるといういかにもアラビアンナイト風の話なのだが、実は反ナチスのテーマが隠されており、暴君が支配する世界から姫を救い出すという設定になっている。

この「バグダッドの盗賊」をめぐる問題からは次のような疑問が見えてくるだろう。アラビアンナイトとは中東世界を理解する窓口だったのか？　それともそれを媒介として合わせ鏡のように自ら（＝西洋世界）を見るためのものだったのだろうか？　そして西洋から「近代」を輸入した日本にとってのアラビアンナイトひいては中東観とはどういうものだったのだろうか？

こうして、アラビアンナイト研究は、アラビアンナイトという物語をめぐる比較文明学的研究へと向かうことになる。そこにはオリエンタリズムというやっかいなしろものが待ち構えていた。アラビアンナイトはヨーロッパの人たちの中東観に大きな影響を与えてきた。また、日本でもよく読まれているバートン訳を読めばわかるように、アラビアンナイトにはエロスのイメージがつきまとう。

シェヘラザードの挿絵を見てみよう。彼女は優しい母親、純情可憐な乙女、妖艶な美女、一糸まとわぬ全裸姿と、さまざまに描かれてきた。シェヘラザードの姿には、ヨーロッパにおけるアラビアンナイト観が反映されている。

なぜシェヘラザードは裸になっていったのだろうか？　彼女自らが衣装を脱いだのではなく、読者たるヨーロッパがそれを欲したからだ。アラビアンナイトを象徴するシェヘラザードはオリエント、東洋としての中東世界を象徴するものでもある。ヨーロッパが植民地化し、その文明によって啓蒙しようとする中東世界は、純粋無垢な乙女の姿で自らをさらけださねばならなかった。その意味でアラビアンナイトこそは、エドワード・W・サイードが批判してやまぬオリエンタリズムそのものといえる文学作品なのだ。

写真19　エロチックなシェヘラザード（ロデリック・マックリー画）

では中東世界でのアラビアンナイトはどうだろう？　少なくとも近代以降、アラビアンナイトは何度も発禁処分を受けてきた。二〇一〇年には、イスラーム系弁護士団体によるアラビアンナイト発禁の申し立てがあったが、エジプト検察当局は「アラビアンナイトは古くから読まれており、芸術家にも影響を与えてきた」という理由でこれを却下している。

アラビアンナイトは、ヨーロッパが中東世界を色眼鏡で見る元凶であるという見方も根強く、ゆがんだアラブ世界像をうえつけるためにユダヤ人がアラビアンナイトを創作したのだという反イスラエル的プロパガンダに毒された学説が提唱されたこともある。しかしながら、ヨーロッパで暮らすアラブ人移民のあいだでは、民族的アイデンティティーを再確認するためにアラビアンナイトを読むという現象も起きている。

アラブ・中東世界でのアラビアンナイト再評価の例として、二〇〇九年にアブダビで開催されたアラビアンナイト国際シンポジウムがある。このシンポジウムには世界中からアラビアンナイト研究者が集まり、わたしも発表をおこなった。欧米からの研究者が多かったが、中東出身者もいた。彼らの多くは欧米で教育を受けたか、現在、欧米の大学などで教鞭をとっていた。欧米出身の研究者は、ヨーロッパにおけるアラビアンナイトの影響やアラビアンナイトの文献学的研究など意外とオーソドックスな手法による研究をしていたが、中東出身の研究者は、ポスト・コロニアル文学理論など最新の文学理論をアラビアンナイトにあてはめて分析していた。これは、アラビアンナイトは最新の議論に貢献できる第一級の作品だという意識の反映だったのかもしれない。

会議中、アブダビ校で地理学を教えているアラブ人教授から、テーブルをひっくりかえすような質問があった。アラブ文学にはほかにも研究に値する作品があるのに、どうしてアラビアンナイトばかりをとりあげるのだという主旨のものだった。

主催者のひとりでエセックス大学教授のマリナ・ワーナー先生がこの質問に答えた。彼女は、わたしがイギリスの出版社から出した論文集『アラビアンナイトとオリエンタリズム』の序文から引用する形でこう述べた。「アラビアンナイトは文明間の対話の中でうまれた人類史上まれな世界文学作品であり、より広い文明間コミュニケーションの可能性をさぐる事例としてオリエンタリズムを考える素材となります」

マルドリュスの墓探し

こうしてアラビアンナイトの成立史をさぐっていくうちに、これまでは知られていなかったり、無視されていたりしたさまざまなことがわかってきた。そして「結局のところ、正統なアラビアンナイトとはどのようなものか」という疑問が浮かびあがってきた。

現在のわたしの立場は、それぞれの時代にそれぞれの地域で人びとに読み継がれていたアラビアンナイトがあり、それぞれがアラビアンナイトの正統な継承者なのだということだ。そのように考えると、アラビア語の底本が確定されず、創作による部分が多いとして研究者からは冷遇されてきたマルドリュス版こそが、現代におけるアラビアンナイトの継承者であるという見方もできる。

日本でもっとも読まれているアラビアンナイトは、英語から訳されたバートン版とフランス語から訳したマルドリュス版だろう。マルドリュス版は流麗な日本語訳もあいまって多くの愛読者を獲

写真20　パリ、サンジェルマンのマルドリュス邸の書斎

得してきた。マルドリュス版の細部描写は彼の加筆によるものらしく、収録物語にしてもほかの版や写本に入っていない話が含まれている。

ジョゼフ・シャルル・マルドリュスは裕福なカトリック信者の息子としてカイロに生まれ、レバノンとパリで医学教育を受けた。フランス内務省の衛生官になり、北アフリカのフランス植民地で勤務した。カイロで育ちフランスで教育を受けたマルドリュスはヨーロッパと中東という異文化の接点を体現するような人物だった。

旧マルドリュス邸には未整理の膨大な資料が残っているらしいと聞きつけ、わたしたちはマルドリュスの姪にあたるマリオン・シェネさん宅を訪れた。アパルトマンにはおびただしい数の操り人形がある。彼女の父親はフランスでも有名な人形使いの名手で、世界中の人形を収集していたのだ。

　操り人形について耳学問で知っていたことや日本の浄瑠璃について話すうち、険しかったマリオンさんの表情も少しずつ和らいでくる。それでも目的の資料を見せてくれるまでにはならなかった。以前に研究者だとなのる人がやって来たのでアンドレ・ジードからの手紙をわたすと、そのまま音信不通になったらしい。ジードの手紙はとある古書店で売りに出ていたそうだ。このようないきさつもあり、彼女のガードは固かった。

　それでもパリに行くたびに表敬訪問をくりかえしているうち、マルドリュスのお墓が移動されて場所がわからなくなってしまったので困っているという話を聞かされた。翌日、共同研究をしていた三人で墓地まで行ってみたのだが、教えてもらった番号の墓がどこにもない。

　墓地は建物内にあり、遺骨をいれておくロッカーのようなものが並んでいる。当日は休日だったので、管理者もおらず困りはてた。いっしょにいた小田先生が言うには、こうなったら全部の墓を見てみよう。というわけで丸一日をかけてかたっぱしから墓の名前を確認していった。

　ソプラノ歌手のマリア・カラスの墓があったと興奮ぎみに報告する共同研究者の岡本尚子さんを尻目に、ジョゼフ・シャルル・マルドリュスと書いてあるはずの墓を探すのだが、どうしても見つからない。確かに全部見てまわった。とうとう探し疲れて、マリオンさんから教えられた番号の墓は名前が消えて読めないからこれに違いない、いやこれにしようなどという話になりかけた。じゃあ、その番号の墓の写真でも撮ってかえろうかと小田先生がカメラをかまえると、違う方向から彼の目に「J・C・M」というつづりがとびこんできた。ジョゼフ・シャルル・マルドリュスの頭文字ではないか。そう思って近くで凝視するとまさに彼のお墓だった。

この日のできごとをマリオンさんに話すと彼女はいたく感動し、次の日から、膨大な量のマルドリュスの遺品の整理とデジタル化の作業が始まった。三菱財団の研究助成金を受けながらすすめているデジタル作業の成果はいずれ『アラビアンナイトのフランス語翻訳者、ジョゼフ・シャルル・マルドリュスの遺贈コレクション目録』としてフランスから出版されることになっている。

先述したアブダビの国際会議では、日本におけるアラビアンナイト移入の研究として宝塚歌劇におけるアラビアンナイトと日本の中東イメージ（アラビアイメージ）についての研究発表をした。このさいには、資料の面で宝塚歌劇団に特別な配慮をしていただいた。

アラビアンナイト特別展のとき、展示品のことで阪急電鉄会長室までお願いに行ったことがある。このときは当時の松園萬亀雄館長に同伴してもらった。わたしはまだ助教授だったから、館長を利用しないわけにはいかなかったのだ。松園館長はふたつ返事でひき受けてくれた。館長としては、大会社の会長室がどんなものなのか、社会人類学的にとても関心があったということらしい。帰るときには、あれがああでこれがこうでと、細かく説明してくれた。

宝塚歌劇団からは門外不出というさまざまな資料をお借りすることができた。そのときに知ったのだが、古い公演の衣装はまったく残っていないらしい。舞台衣装は次の公演に利用されていくので残らないということだった。当時はまだ「砂漠の黒薔薇」という姿月あさと退団公演のときの衣

写真21　パリのペール・ラシェーズ墓地。マルドリュスの墓（最上段の右から二つめ、Dr. J.C.M. とある）

写真22　アラビアンナイト特別展での宝塚歌劇コーナー

装が残っていたのでそれを借りて展示できた。このおかげで特別展の客層がぐんと広がった。

宝塚歌劇では、「砂漠の黒薔薇」以外にもアラビアを舞台にした作品を上演してきた。それらの作品における中東イメージは、アラビアンナイトの輸入を介して形成された日本における中東イメージをほぼそのままの形でなぞっており、現実感のないファンタジーの世界として日本とヨーロッパを結ぶ節点、あるいは不思議なできごとが起こる場所としてアラビアの地が設定されている。そこにあるのは、幻想的かつ暴虐的なアラビアという日本人が一般にもっている中東イメージだ。

文化人類学者の川田順造先生はアフリカを研究するうえで、日本人の視点の位置づけをめぐってヨーロッパと日本をからめた文化の三角測量という考え方を提唱している。異文化の中で自分の位置はどこにあるかという認識論的問題は、オリエンタリズムというヨーロッパと中東の文明間の文化現象を無批判かつ無意識のうちに導入した近代日本（人）の中東観やイスラーム観の問題とも通底する。日本人がアラビアンナイトに見る世界にはつねにヨーロッパが内在化されている。そして中東観やイスラーム観もそれと同じ位相にある。ヨーロッパと中東はオリエンタリズムという文明間コミュニケーションによって自らの姿を相互の影響のもとで変容させてきた。この意味において両者は合わせ鏡の中の互いの姿を見ている。

だとすればわたしのアラビアンナイト研究も含め、欧米や中東でのアラビアンナイト研究にしてもそのような文化潮流の中の一現象なのかもしれない。ヨーロッパ・キリスト教世界と中東イスラーム世界におけるユダヤ人（ユダヤ教徒）の歴史を比較したプリンストン大学のマーク・コーヘン氏は、中東イスラーム世界においてユダヤ教徒が同時代のヨーロッパに比べて平和と安定した生活を享受していたという考え方は、その考えを表現する研究者あるいは歴史家をめぐる歴史的状況に影響を受けていると述べている。同じように、わたしたちの中東観やイスラーム観をめぐる研究にしても、現代という状況から無意識のうちに影響を受けているのだろう。

コーヘン教授が来日したさい、民博の西アジア展示を案内したことがある。そのとき、「民族学博物館なのに、なぜユダヤ民族の展示がないのか」という質問が教授の口から出た。このときは、「いまユダヤ民族についての展示をすれば、焦点の定まらない総花的なものになってしまう、自分の中で立ち位置がはっきりするまで待ってほしい」とだけ答えた。だが、コーヘン教授の一言によって、自分のアラビアンナイト研究は、シェイクスピアとシャイロックをめぐるユダヤ研究と接合せざるを得ないものになっていった。

第四章　ベリーダンス――音文化をめぐって

マルタのバス

「また空港まで戻ってしまいましたね」と同行者の水野信男先生。目的地にたどりつけないまま、マルタの主都バレッタにある主要道路を往復してしまった。マルタのバスは白と黄色のツートンカラーで、『となりのトトロ』に出てくるネコバスを思わせるようなユーモラスな形をしている。見ているぶんには楽しいが、乗り心地はよろしくない。

今度は通りの入り口で降りて歩くことにした。国際シンポジウムで知りあったマルタ大学のマンウェル・ミフスド先生から楽器工房を紹介してもらって住所の番地を探したのだが、どうしても見つからない。パリやロンドンや京都だと、通りの名前と番地がわかれば目的地にたどりつけるのだが、マルタでは勝手が違う。バス停の名前どころか、通りの名も番地も表示されていないのだ。自力で探すのはあきらめ、美容院に入って店主のおばさんに泣きついた。こころよく案内してくれたおばさんについていくと、楽器工房のおじさんが大きく手を振っている。工房でいろいろな民族楽器や制作風景を見せてもらった。水野先生が言うには、アラブの楽器そっくりのものもあるらしい。

前章でとりあげたシナイ半島のジバーリ部族は、かつては東ヨーロッパに暮らすキリスト教徒

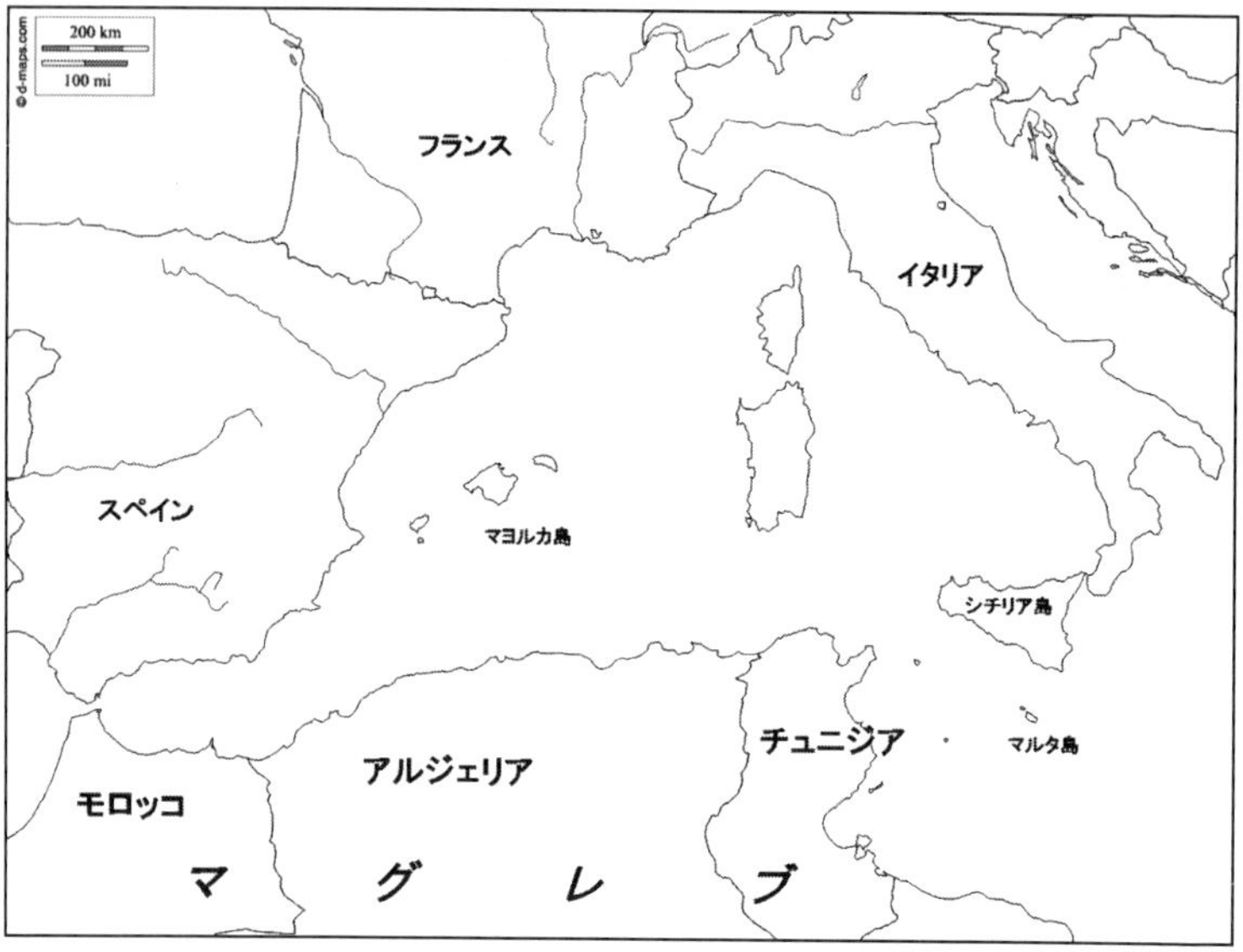

図５　シチリア、マルタ、マヨルカ等の地中海の島々

だったが、時の流れの中でイスラーム化し、アラブをなのるようになった。アラビアンナイトを研究するうちに、ヨーロッパ・キリスト教世界が中東イスラーム世界に向けるまなざしについても考えるようになった。それらの問題がからみあってとけないまま、ヨーロッパと中東・北アフリカのはざまにあって、両者の交流と衝突の最前線となってきた地中海の島々にすむ人びとが、どういうアラブ観ないし異文化観を持っているかが気にかかるようになっていた。

パリやカイロでの海外調査のあいまに、シチリア、マルタ、マヨルカなどの島を訪れた。シチリアやマヨルカにはアラブ統治時代の遺跡が多く、観光名所ともなっている。伝統文化でもあるシチリアの人形劇やマヨルカの民話にはムーア人が登場し、生

料金受取人払郵便

左京局承認

5066

差出有効期間
平成29年6月
30日まで
(切手不要)

郵便はがき

606-8790

(受取人)
京都市左京局区内
田中下柳町八番地

株式会社 臨川書店

愛読者係 行

6068790 10

本書をお買い上げいただきまして、まことにありがとうございました。
このハガキを、小社へのご意見またはご注文にご利用ください。

書 名

＊本書のご感想

＊新刊・復刊などご希望の出版企画がありましたら、お教え下さい。

お買上 書店名	区市町	書 店

本書お買上げの動機

1. 書店で本書をみて
2. 新聞広告をみて（　　　新聞）
3. 雑誌広告をみて（　　　）
4. 書評を読んで（　　　）
5. 出版目録・内容見本をみて
6. ダイレクトメールをみて
7. ウェブサイト、ブログ、ツイッターをみて
8. その他（　　　）

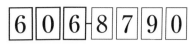

注　文　書

＊ご用命の際はご記入くださいませ。

平成　　年　　月　　日

書　　　　名	冊数	定　　価

（公費で直接注文の際はお知らせ下さい）

・ご必要書類について
見積書　　通　納品書　　通
請求書　　通

・書類の御宛名

ご住所　（〒　　　－　　　）

TEL　　　　　　　　　　FAX

e-mail

フリガナ
お名前　　　　　　　　　　（　　歳）

ご勤務先　　　　　　　　　　ご専攻

ご所属学会名

◇小社へ直接ご注文の場合は、代金引替宅配便でお届けします。

◇ご指定の書店がありましたら、このご注文書を書店にお渡しください。

ご入用の目録・内容見本などがありましたら、ご記入ください。

□小社出版図書目録
□内容見本（分野：　　　　　）
□和古書目録（分野：　　　　）
□洋古書目録（分野：　　　　）
□送付不用

帖合・書店名
（書店様記入欄）

※お客様よりご提供いただいた上記の個人情報は法に基いて適切に取り扱い、小社の出版・古書情報のご案内に使用させていただきます。お問い合わせは臨川書店個人情報係（075-721-7111）まで

臨川書店の

新刊図書

2015/7〜8

臨川書店
本社／〒606-8204 京都市左京区田中下柳町８番地 ☎(075)721-7111 FAX(075)781-6168
東京／〒101-0062 千代田区神田駿河台2-11-16 さいかち坂ビル ☎(03)3293-5021 FAX(03)3293-5023
E-mail（本社）kyoto@rinsen.com（東京）tokyo@rinsen.com http://www.rinsen.com

同編集委員会 編

牧田諦亮著作集

好評刊行中

（編集委員）大内文雄・落合俊典・衣川賢次・齊藤隆信
高田時雄・直海玄哲・船山徹・宮井里佳・本井牧子

第3巻（第5回配本）「中国仏教史研究2」
第4巻（第6回配本）「五代宗教史研究・中国近世仏教史研究」
既刊 1・2・6・7巻

世界における疑経研究の開拓者として不動の地位を築いた牧田諦亮博士。中国仏教研究における錚々たる碩学の轍を進みながら行われた精力的な研究は、国内はもとより広く海外までその足跡が及んでいる。本著作集は代表作『疑経研究』をはじめとする過半の著述を収録。広範かつ膨大な功績をまとめあげ、その偉業によって知られる博士の全貌を明らかにする。

■菊判上製 第3巻 316頁 九、〇〇〇円＋税 第4巻 592頁 一三、〇〇〇円＋税

3巻：ISBN978-4-653-04203-7
4巻：ISBN978-4-653-04204-4
ISBN978-4-653-04200-6（セット）

同編集委員会 編

中世禅籍叢刊

（編集委員）阿部泰郎・石井修道
末木文美士・高橋秀榮・道津綾乃

近刊

第2巻（第4回配本）「道元集」
第3巻（第5回配本）「達磨宗」
既刊 第1巻「栄西集」・第5巻「無住集」・6巻「禅宗清規集」

真福寺・称名寺所蔵の禅籍を中心に、新発見の著書や文献なども含め、その他機関の現存貴重写本を詳細精密な影印・翻刻・解題により横断的に紹介。密教や諸宗教学との思想的交流のなかで成立してきた、初期禅宗の多彩な性格を明らかにし、中世前期の仏教文化の全体像に新たな光を当てる。

■菊判上製
第2巻 約650頁 一八、〇〇〇円＋税
第3巻 約680頁＋カラー口絵 二〇、〇〇〇円＋税

2巻：ISBN978-4-653-04172-6
3巻：ISBN978-4-653-04173-3
ISBN978-4-653-04170-2（セット）

椎名宏雄（龍泉院住職）編

五山版中国禅籍叢刊

近刊

第4巻（第8回配本）「綱要」
既刊 1・2・3・7・9・10・11巻

今日では散逸、あるいは閲覧困難な宋版・元版禅籍の本文・形態を伝える五山版禅籍の善本を各地から一堂に集成、影印版とし、編者による詳細な解題を付して刊行する。禅籍本文研究・禅学思想研究の一助とすると同時に、日本中世の禅学の学問体系、出版文化の系譜の究明に寄与する、仏教学・国文学・歴史等、関連各分野の研究者に必携の重要資料。

■B5判上製 第4巻 856頁 三〇、〇〇〇円＋税

4巻：ISBN978-4-653-04154-2
ISBN978-4-653-04150-4（セット）

編集委員会 編
青木稔弥・須田千里・谷川惠一
十川信介・中川成美・宗像和重・山田俊治

山田美妙集

好評刊行中

第10巻（第8回配本）「評論・随筆2」

既刊 1・2・3・4・5・6・9巻

小説・新体詩・評論・随筆・演劇脚本・言語研究など 多岐にわたる山田美妙の業績を網羅的に収録する初の著作集。第10巻は「評論・随筆2」として明治25～43年迄の評論、随筆、雑文類を収録。また「「以良都女」無署名記事」として、明治21～24年にかけて雑誌「以良都女」に掲載された無署名記事のうち、主に文学・芸術に関するもので美妙筆と判断されるものを年代順に収録。

■A5判上製 第10巻 544頁 八、八〇〇円＋税

10巻：ISBN978-4-653-04140-5
ISBN978-4-653-04130-6（セット）

京都大学文学部国語学国文学研究室 編

國語國文

近刊 84巻7号・8号

大正十五年（一九二六）の創刊以来、実証的な研究を重んじる立場から画期的な論文を掲載しつづけ、国語国文学の分野に貢献してきた「國語國文」を平成二十六年に継承。本書は、刊行時からの精神を踏襲した「極めて自由な態度」で編集され、国語学国文学の最新の研究状況をリアルタイムで発信する好資料である。

■A5判並製 84巻7号・8号 約60頁 各九〇〇円＋税

84巻7号：ISBN978-4-653-04271-6
84巻8号：ISBN978-4-653-04272-3

八坂神社文書編纂委員会 編

新編 八坂神社記録

『新修 八坂神社文書 中世篇』『新編 八坂神社文書』の続編で、京都の八坂神社に伝来する未刊の中・近世の諸記録を収録する。同社には下鴨神社の社家であった鴨脚家の記録や豊国神社に関わる記録も残されており、あわせ収録する。中・近世期の神社史、社会・経済史研究の更なる発展に貢献する史料集。

■A5判上製・約810頁 一七、〇〇〇円＋税

ISBN978-4-653-04309-6

フィールドワーク選書

編者
印東道子（国立民族学博物館教授）
白川千尋（大阪大学人間科学研究科准教授）
関　雄二（国立民族学博物館教授）

20人の気鋭の人類学者たちがそれぞれのフィールドワークの起点から終点までを描き、それがどのように研究成果につながってゆくのかを紹介。フィールド（調査地）に暮らす人々と空間や時間を共有することによって、いったい何を得られたのか。予想外の展開に巻き込まれながら新たな知見にたどりつくフィールドワークの醍醐味を豊富な写真・図版とともにわかりやすく説きあかす。

■四六判並製・平均200頁　各二、〇〇〇円＋税

ISBN978-4-653-04230-3（セット）

- ❶**ドリアン王国探訪記** マレーシア先住民の生きる世界　信田敏宏 著　二、〇〇〇円＋税
- ❷**微笑みの国の工場** タイで働くということ　平井京之介 著　二、〇〇〇円＋税
- ❸**クジラとともに生きる** アラスカ先住民の現在　岸上伸啓 著　二、〇〇〇円＋税
- ❹**南太平洋のサンゴ島を掘る** 女性考古学者の謎解き　印東道子 著　二、〇〇〇円＋税
- ❺**人間にとってスイカとは何か** カラハリ狩猟民と考える　池谷和信 著　二、〇〇〇円＋税
- ❻**アンデスの文化遺産を活かす** 考古学者と盗掘者の対話　関　雄二 著　二、〇〇〇円＋税
- ❼**タイワンイノシシを追う** 民族学と考古学の出会い　野林厚志 著　二、〇〇〇円＋税
- ❽**身をもって知る技法** マダガスカルの漁師に学ぶ　飯田　卓 著　二、〇〇〇円＋税
- ❾**人類学者は草原に育つ** 変貌するモンゴルとともに　小長谷有紀 著　二、〇〇〇円＋税
- ❿**西アフリカの王国を掘る** 文化人類学から考古学へ　竹沢尚一郎 著　二、〇〇〇円＋税
- ⑪**音楽からインド社会を知る** 弟子と調査者のはざま　寺田吉孝 著
- ⓬**インド染織の現場** つくり手たちに学ぶ　上羽陽子 著　二、〇〇〇円＋税
- ⓭**シベリアで生命の暖かさを感じる**　佐々木史郎 著　二、〇〇〇円＋税
- ⓮**スリランカで運命論者になる** 仏教とカーストが生きる島　杉本良男 著　二、〇〇〇円＋税
- ＊⑮**言葉から文化を読む** アラビアンナイトの言語世界　西尾哲夫 著
- ＊⑯**イタリア、ジェンダー、そして私**　宇田川妙子 著
- ⑰**コリアン社会の変貌と越境**　朝倉敏夫 著
- ⑱**故郷中国をフィールドワークする**　韓　敏 著
- ⑲**仮面の世界を探る** アフリカ、そしてミュージアム　吉田憲司 著
- ⓴**南太平洋の伝統医療とむきあう** マラリア対策の現場から　白川千尋 著　二、〇〇〇円＋税

●は既刊、＊は近刊

写真23　マルタの首都バレッタのバスターミナル。ここからマルタ島のどこにでも行ける。マルタ人の運転は荒っぽいことで有名だからレンタカーよりバスに乗るのが賢明だ。(2007年２月撮影)

活空間には今もアラブの名残がある。

マルタ島には国際会議などを含めて数回訪れたことがある。マヨルカやシチリアにはアラビア語碑文やアラビア語起源の通りの名は残っているものの、最近の移住者や労働者を除くとアラビア語を話す住民は残っていない。

マルタでは事情が違う。マルタ語はアラビア語の一方言なのだ。チュニジア方言に近いのだが、マルタ騎士団の本拠地となってキリスト教化されてからはイタリア語などのロマンス諸語から影響を受け、現在はラテン文字を採用している。

マルタ再訪時には、民族音楽が専門の水野先生と一緒にカーニバルと楽器の調査をした。南米のものほどではないにしても、熱心なカトリック信者が多いので島中がお

写真24　マルタの民族楽器の説明をする楽器職人のファッルージャさん。マルタ独特の笛（ホイッスル）があってコレクターとしてはどうしても欲しかったのだが、写真しか撮らせてもらえなかった。（2007年2月撮影）

祭り気分になる。聞いた話によると、地中海地域のカーニバルにはムーア人のキャラクターが登場するらしい。南米のカーニバルにも黒いムーア人が出てくるそうなのだが、これはスペイン文化を介したものだろう。

マルタはアラブ人が去った後で再ヨーロッパ化されたにもかかわらず、日常文化の深いところに今もアラブ文化を残している。その時の調査では、マルタの音楽や楽器にアラブ的なところがあるかどうかということを調べていたのだが、楽器工房を探して迷子になった一件をつうじてマルタ人が堅持する「内向きの生活空間」を実感していた。

あるとき、マルタ人の宗教実践や信仰生活を研究している藤原久仁子さんにその話

写真25　シチリアのパレルモにあるマリオネット博物館の操り人形（中央がムスリムのムーア人で、左がフランス王シャルルマーニュ）。（2006年2月撮影）

をすると、マルタの人は英語はよくできるし観光客慣れもしているのだが、自分たちの生活世界をもっていて、それは外からはわかりづらいと言われた。

　マルタは英連邦に属しており、だれもが英語を自由に話せるのだが、島民どうしの会話ではマルタ語が使われる。マルタ語については、ミフスド先生から聞いた話が印象に残っている。マルタ語はアラビア語の一方言とされてきたのだが、最近、セム語の一方言だとみなす学説が出てきたらしい。つまりマルタ語はアラビア語と同じ系統に属する別の言語であり、ヘブライ語やアラム語と肩を並べるものだといっていることになる。マルタはEUに加盟しており、島民のほとんどはカトリック信者だ。マルタ語にはイタリア語などの語彙がかなり入ってはいるが、動詞の構造や文法面ではアラビア語的特徴を保持しており、どう見てもヨーロッパ系の言語ではない。

言語と民族には深い関係性があるが、民族集団が母語を変えてしまった例は歴史上にいくらでもある。とはいえ、アラブ民族の象徴たるアラビア語（方言）とマルタ語が同系であるという言語的事実は、マルタの人びとにとっては民族的同系を連想させる不都合なことなのだ。そこでヨーロッパ語でもなくアラビア語でもないが、両者をつなげるような第三の選択として、セム語の一方言という考えが浮上してきたのだろう。

そんなことをつらつらと思いながら帰りのバス内でふと外を見ると、畑が広がっている。畑のまわりには風除けともなるサボテンが垣根のように植わっていた。このサボテン垣根はかつてアラブ人がもちこんだものらしい。マルタの人びとの思いはどうあれ、この島にはヨーロッパとアラブが交流した証拠が生き続けていた。

ニューカレドニアのアラブ人村

「観光ですか」とわたしの席の前に座った女性のフライトアテンダントが聞いてきた。足まわりが広い席を選ぶとこういう機会にめぐまれることもある。

「いいえ、ニューカレドニアは、はじめてなんです。わたしは大阪の国立民族学博物館ではたらいていまして……」と言うとすかさず、「何度か行きましたよ。大きくて楽しいミュゼですよね」

と、サービス精神のこもった相槌が入る。

「わたしはアラブ世界を研究していて、ニューカレドニアのアラブ人村を訪ねようと思っているんです」と答えると、相手はかなり驚いたようだった。

南太平洋にあるニューカレドニアは人気のある観光地だが、一八三五年にフランスの植民地（現在は海外領土）となり、当初は流人の島だった。この島にアラブ人村があることを何かの折に小耳にはさみ、ニューカレドニア在住のジャン・ピエール・シオラ先生に訊ねてみた。シオラ先生は、アラビアンナイトの共同研究者で当時は民博の外国人客員教授を務めていたマルガレート・シロンヴァル先生を訪ねて、たまたま民博を訪問中だった。

写真26　ネサデュー村のアラビア語を話す老人。右側に写っている堀内正樹先生によれば、おそらくベルベル系。ただし、ベルベル語は通じなかった。（2010年2月撮影）

知りあいを三人たどれば互いの友人に行きつくのだそうだが、ネサデューという名前のアラブ人村はブーライユ市郊外にあり、市長がアラブ人村出身で、なんとシオラ先生はその市長さんと知りあいだった。このおかげで市長さんや村の人たちから話を聞くこともでき、村のあちこちを案内してもらった。

村でアラビア語を話せる老人はたった一人だけ。ほかの人はアラビア語を忘れており、フランス語が母語になっていた。彼らの故郷はアルジェリアだ。ベルベル系のカビール部族などに属しており、モクラーニーをリーダーとしてフランスに対する反乱を起こした。最後は捕えられて、ニューカレドニアに流されたのだという。

全員が男だったので現地人と結婚して家族を増やしていったが、家庭内でアラビア語を使えなかったため、アラビア語はすみやかに忘れられていったらしい。彼らはベルベル系なのだが、フランス本国ではアラブとしてひとまとめにされたことや、アルジェリア独立以降の故郷との関係、活発化している先住民の主権拡大運動などさまざまな要因によって、アラブを自称するようになったらしい。ただ近年まで自分たちの出自を公言することはなく、秘密にしていたようだ。

このときの調査ではふたつのことが印象に残った。彼らは今でもムスリムなのだが、アラビア語を忘れてしまったためにフランス語のコーランがアラビア語のコーランと同じような役割を果たしている。最近はサウジアラビアからの寄付などによってモスクも新設され、アラビア語のコーランを教える教師も派遣されるようになったが、アラビア語を母語としない世界中のムスリムが、アラビア語でコーランを読んで覚えようと奮闘している姿を思うと、ひとつの常識が打ち破られた気がした。

だが、彼らがフランス語のコーランを使用するようになったのは、島流しにあって故郷との縁を絶たれ、周囲との関係を遮断された集団が信仰を堅持するための最終手段だったのかもしれない。これは、言語と民族性の関係が偶発的なものであることのあかしでもあるのだろう。また、父祖のことばを忘れてしまった場合に、民族的同一性を維持するにはどうすればいいのかという問題を示しているようにも思える。

もうひとつ印象に残ったことがある。ニューカレドニアにはモロッコ出身のベリーダンサーがいて、ショービジネスとは別にアラブ人村で女性たちにベリーダンスを教えているというのだ。村の人たちに質問すると、たしかにそうだという。娘たちにベリーダンスを習わせているのだそうだ。

これまでの経験でいうと、アラブ世界の一般家庭では自分の娘にベリーダンスを習わせる親はまずいない。ところがニューカレドニアでは、ベリーダンスがアラブ的なもの、さらにはアラブ文化の伝統に近づくためのものとして受けとめられている。アラビア語も話せない、アラブ文化もよく知らない、それでもアラブ人としてほかの民族集団とは違う文化伝統を持っていることを示さなくてはならない。この村では、そのための文化としてベリーダンスが生まれ変わっている最中なのだ。ここの女性にとっては、ベリーダンスを踊ることがアラブ人であることのあかしなのであり、アラブ人の血をひいているからこそベリーダンスを受け継ぐことができると確信しているようだった。

これらの事実は、ニューカレドニアのアラブ系住民に限定される状況なのかもしれないが、解決の糸口がないままだった問題をとくヒントになった。

アラビアンナイトの特別展では期間中にいろいろなイベントがあった。中でも人気が高かったのがベリーダンスの講習会だった。大阪でベリーダンスを教えているロータスさんにお願いして初心者にレッスンをしてもらったのだが、毎日整理券を出さないといけないほどの大盛況だった。

最初にベリーダンスを見たのは、留学生のころだった。駐在員の人たちに連れられて、郊外にあるサハラシティーとよばれていた場所まで行った。アラブ人女性の肉感に圧倒されたせいか、ダンスのことなどまったく印象に残っていない。

アラブの音楽や芸能に関心をいだくようになったのは、水野先生といっしょに海外調査をするようになってからだ。シナイ半島の部族をまわって楽師や楽器を探して歩くうちに、民族音楽はおもしろいと思うようになった。

民博のビデオテークに入っている映像コンテンツのほとんどは、民博の教員が映像作成チームと組んで現地で撮ってきたものだ。映像取材、民族誌映画の制作、資料の収集を通じて物質文化への関心も広がるし、映像をまとめることは民族誌の意味を考える機会ともなる。インタビューは活字にすると相手が見えなくなってしまうが、映像だとその人の表情だけでなくその場のさまざまなコンテクストもすくいとって提示することができるからだ。

カイロのベリーダンスフェスティバル

ここはピラミッドのすぐ近くにあるホテル、メナハウスオベロイ。宮殿として使われていた建物

写真27　カイロ国際ベリーダンスフェスティバルでのレッスン風景。(2003年6月撮影)

なので、調度品がとびきり豪華だ。部屋からピラミッドが見えるので観光客にも人気が高いが、庶民にはいささか敷居が高い。今日は、国際ベリーダンスフェスティバルの会場となっている。

フェスティバルと銘打ってはいるが、お祭りというよりはワークショップ大会だ。ベリーダンスのプロやアマチュアが世界中から集まってきて、有名なダンサーやコーチからレッスンを受ける。ベリーダンスをはじめて一年たらずの人もいれば、ショービジネスとして踊っている人もいる。ヨーロッパ各国をはじめアメリカ、ブラジル、シンガポール、香港、台湾、日本からの参加者で会場がうめつくされる。

正直、これほど多くの女性が世界中からつめかけてくるのに驚いたと同時に、彼女たちにとってベリーダンスとは何なのだろうという疑問が膨らんできた。女性の活力が爆発するよう

写真28　カイロのムハンマドアリー通りにある楽器工房。聞き取り調査をする著者と民族音楽学者の水野信男先生。この工房では楽器の制作過程を撮影し、楽器制作に必要な材料や道具類を収集した。(2002年12月撮影)

なダンスにただただ圧倒された二十代のころならいざ知らず、現場取材の経験を積んだ今では、冷静なインタビューができるようになった。

映像人類学については無知だし、民族誌映画を作成する技術も理論も持ちあわせてはいない。そこで最初の映像取材は、これまでに研究してきたフィールドでの調査内容や調査地での経験について、文字や写真では説明しきれないことにターゲットを定めた。

もちろん、取材には映像制作のプロが同行してくれる。プロの手を借りて、シナイ半島の遊牧民の生活やカイロの庶民の生活を映像化することにした。遊牧民の生活ならテントの張り方やナツメヤシの採り方を取材する。文字情報ならフィールドノートにびっしりと書きこんであるが、どうしても映像表現にはかなわない。

映像取材がもっとも有効なのは、音楽や芸能だろう。多くの民族楽器を収集したが、楽器の演奏法や作成過程を説明しようとするのなら、映像にまさるものはない。カイロでも水野先生といっしょに歩きながらさまざまな楽器を購入し、名称、素材、大きさを記録して映像化していった。ウードやカーヌーンとよばれる有名どころの楽器については、カイロのムハンマドアリー通りに並ぶ楽器工房で制作過程を映像に撮った。

エジプト以外だと、モロッコのシェフシャウエンというところで開かれているアンダルシア音楽祭を全収録したこともある。レコンキスタによってイベリア半島から追い出されたムスリムは、対岸の北アフリカに住みついた。彼らが伝えるアンダルシア音楽は、中世のアンダルシア音楽を再構するさいの生きたデータとなる。

一方、生の演奏風景や音は、フィールド調査で役立つデータとして分析の対象ともなる。演奏者やフェスティバル関係者へのインタビューを通じて、伝統音楽とはただ伝えられているだけのものではないことを実感できた。エレキギターならぬエレキカーヌーンを造ってみた楽器職人の話は興味深かったし、現代のアンダルシア音楽を楽しんでいる人びとにしても、自分たちの地域文化を再生するものとしての意味をそこに見出している。

当初は、シナイ半島の遊牧民の生活やカイロの庶民文化の映像取材の延長としてベリーダンスを取材する心づもりだった。だが計画段階で、ベリーダンスの場合は事情が違うことに気がついた。

観光客が街中やホテル内でベリーダンスの実演を撮影しても、軍事上の理由で撮影が禁止されている橋や港湾などの場所を除けば何のおとがめもないだろう。しかしテレビ局や博物館が撮影するとなれば話は別だ。エジプトでは、撮影相手の許可さえ得ればいいというわけではなく、当局の許可が必要となる。

考古学の場合は考古庁が管轄しているから勝手な発掘はできないし、発掘品も厳格に管理されている。ところが考古学以外の場合、どこが管轄なのかはっきりしない。シナイ半島の調査では、ここがイスラエルとの戦争の舞台となったことからもわかるように軍事上の重要地域であり、半島全体が国境の役目を果たしていることもあって、調査には軍と情報省の許可が必要だった。

許可証といっても情報省からプレスカードをもらうだけだが、これがないとワーディや沙漠での調査ができない。軍隊が展開していることもあるし、中東戦争のなごりで地雷が埋まっている危険地帯もある。というわけで、シナイ半島の調査では、情報省出先機関からやって来たお目付け役のインスペクターといっしょだった。

本来なら今日はどこ、明日はどこと毎日の行き先をあらかじめ報告しないといけない。しかしながら、インスペクター同行でベドウィンの村を回る事態は避けたかった。何といっても遊牧民は政府の役人が大嫌いだからだ。そうなる理由は双方にある。ワーディフェイラーンの入り口あたりに住むエレガート部族を再訪したとき、族長にあいさつしようとすると、今日はだめだと剣呑な雰囲気になった。いったいどういうことだろうと、タクシードライバーのシャーキルさんに理由を探ってもらった。シャーキルさんはホウェイタートという大きな部族出身で、このあたりの事情には明るい。シャーキルさんによると、前日、エジプト軍のヘリコプターがやってきて、畑を全部焼いていったというのだ。理由は大麻の栽培。もちろん違法だ。

ともあれ、インスペクターはあまり歓迎される存在ではない。わたしたちについた最初のインスペクターは、カイロから来ていた都会っ子だった。こんな田舎の町はもういやだという感じが見え見えなのだが、仕事だから調査に同行すると言う。

最初の調査地に選んだのは、とんでもなく不便な場所だった。セラビート・アルハーディムという古代エジプト時代の銅鉱山があった遺跡で、そこで働いていた労働者が自分の名前を書いたらしい文字が残っている。この文字は、アルファベットの遠い祖先とされるシナイ文字なのだが、そこにたどりつくには車でワーディの下まで行き、さらに往復五時間近く歩かないといけない。

黙々と歩く一同のうしろから、ワーディの下で遊んでいた子どもが一人ついてきた。彼に荷物を持ってもらうかわりに弁当をわけることにした。都会っ子のインスペクターが、その子のうしろからのろのろとついてくる。セラビート・アルハーディムは彼にとっても初めてだったとかで、遺跡を見たときには感動したようだが、次回以降の調査にはついてこなくなった。

カイロでの映像取材にも情報省からインスペクターがついてきた。わたしたちの取材を監督するためだが、要らぬトラブルからまもってくれることもあるので、インスペクターなしでは動きようがない。最初に行った市場では、ここは撮っていいがこのあたりの汚れたところはダメとか、車はいいがロバはダメとかいうぐあいに、頻繁にダメだしが出ていたのだが、そのうちに「そのへんでお茶してくるから、帰るときには声をかけてくれ」と言い残してどこかに行ってしまった。こういう事情だったから、ベリーダンスの撮影には許可がおりるのか、おりたとしてもインスペクター同席でインタビューができるのかどうかと不安になってきた。

トップダンサーの一日

というわけで最初のベリーダンス撮影は、ベリーダンサーのプライベートな生活を映像化することにした。個人の家や仕事場を撮影するのなら、当局の許可は必要ない。しかし取材に応じてくれるベリーダンサーを見つけないといけない。

エジプトは日本以上のコネ社会だ。何をするにも地縁や血縁が先に動く。偶然のであいにかけてみる手もあったが、今回は正攻法でいくことにした。ツテやコネだけに頼るとその人の紹介だからということで最初はうまくいき、思いがけない発見もあるのだが、対象となるものの世界がどれくらい広がるのかわからない場合は、最初の入り口が行き先と出口を決めてしまい、閉じた人間関係のネットワークの中から外に出られなくなってしまうこともある。音楽や芸能の場合、ライバル関係や利害関係のある人たちの全体像をすくいあげることに失敗すると、どちらか一方や特定のグループにすりよってしまう危険性もあるからだ。

それだけではなく、はばからずに言うと、ベリーダンサーの技量にはかなりの個人差がある。少し前までは、ムハンマドアリー通りにたむろするベリーダンサーの一部は、売春まがいのこともしていたらしい。一方、ヒルトンホテルやマリオットホテルなどの最高級ホテルで踊るトップダンサーは、ダンスも一流だが取材にもそれなりの経費がかかる。

結局、先に述べたカイロのベリーダンスフェスティバルの主催者、ラキア・ハサンさんを通じて、エジプト人のトップダンサーを紹介してもらった。ラキアさんは、エジプトのベリーダンスを伝統文化として確立させるために、さまざまな活動をしていた。

写真29　カイロ国際ベリーダンスフェスティバルのフィナーレで踊るダンダシュさん。(2003年６月撮影)

ラキアさん本人はベリーダンサーの出身ではなく、エジプト国立レダ舞踊団で活躍していた。バレエなどさまざまなダンスの経験があり、エジプトの民族舞踊のひとつとしてのベリーダンスにも関心を向けるうちに、欧米出身のベリーダンサーやエジプト人の若手ダンサーにもレッスンするようになったそうだ。

こうしてラキアさんをとおす

ことで、エジプト人ダンサーとしては三本の指に入るダンダシュさんを取材できることになった。ダンダシュさんの自宅はピラミッドの近くにあり、バルコニーからピラミッドが見える。音楽関係のプロデューサーをしている夫と娘の三人暮らしだ。

ベリーダンサーの一日は夕方から始まる。学校から帰ってきた子どもと話しながら夕食のしたくをする。日によっては一時間程度のレッスンを受けにラキアさんのところに出かけることもある。トップダンサーになってもレッスンを欠かさないのはりっぱだと思った。

だんなさんに奥さんの職業をどう思うかたずねてみた。エジプトではベリーダンサーの社会的地位は決して高くないし、偏見の目でみる者も多いからだ。国立レダ舞踊団が民博で公演したときに、カイロで当時活躍していたただ一人の日本人ベリーダンサーにステージを務めてもらったことがある。しかし彼女はしばらくしてエジプト人の弁護士と結婚し、ベリーダンスから引退してしまった。聞くところによると、夫になった人がベリーダンサーを続けるのをこころよく思わなかったからだそうだ。しかしダンダシュさんのだんなさんは、自分も音楽関係の仕事に携わっているせいかもしれないが、妻の職業を誇りに思う、彼女のダンスはすばらしい、芸術的なダンスで多くの人を楽しませていると言いきった。

夜がふけてくると、ダンダシュさんは仕事に出かける用意をはじめる。付き人の女性に手伝ってもらって化粧や衣装選びをすませると、自分で赤いスポーツカーを運転して仕事場へと出発する。そのシーンを撮っていた撮影隊もおおいそぎであとを追う。

最初の仕事場には大型バスがとまっていて、次々と楽団員が降りてきた。マネジャーと歌手と司会を兼ねる彼女の妹もいっしょだ。トップクラスのベリーダンサーは、楽団も含めたチームで仕事をしているそうだ。つまり、彼女のダンスによるギャラが全員をやしなっている。彼女の家系はアレキサンドリアの出身で、ファミリーで同じ仕事を続けてきたそうだ。今でもアレキサンドリアには楽器作りの名人が多く、音楽芸能の中心地といえるのかもしれない。

さて、その日、ダンダシュさんは、ここでのステージを終えると次の場所で踊ることになっていた。この二番目のステージを撮影させてもらう約束になっていて、ホールの支配人とも話がついていた。彼女が一番気に入っている黒い衣装で踊ってくれることになっている。

ところが撮影予定のステージでハプニングが起こった。大きなホールにもかかわらず、わたしたち以外に数名の客しかいなかったのでおかしいなと思っていたのだが、不安が的中した。サウジアラビアからきた数名の客が貸し切っていて、支配人が言うには撮影されては困るらしい。

せっかく最高のステージを撮ろうと思っていたのに、横やりが入ってしまった。サウジからの客がダンサーにむかって百ドル札の束を投げると、お札が花びらのように舞いおちていく。これでは支配人も引き下がるしかないなあと思い、ここは彼女のステージを楽しむことにした。

やがて最後のダンスが終わって帰り支度をしていると、支配人がダンダシュさんのことばを伝えにきた。あなたたちに悪いし約束したことだから、撮影のためにもう一度踊ろうというのだ。仕事をかけもちしたうえにアンコールにもこたえていたから、プロとはいえ相当疲れているはずだ。彼女の心意気には感じいるしかなかった。

こうして最後のステージが始まった。さすがプロだ。疲れを感じさせないすばらしいダンスだった。百ドル札は舞わなかったが、カメラクルーと楽団とダンサーがひとつになったような気がした。最高の瞬間だった。ベリーダンサーとしてというより一人の女性として自分の芸に誇りをもって踊るダンダシュさんとこの瞬間をわかちあうことがなければ、これ以上ベリーダンスにかかわることはなかっただろう。エジプト社会、そしてイスラーム社会にとってベリーダンスとは何なのだろう。そしてベリーダンサーたちは何のために、だれのために踊るのだろう。

ダンダシュさんとはもうひとつ別の約束をしていた。一番お気に入りの衣装で踊ってもらい、ステージが終わったらその衣装を展示用にゆずってほしいと頼んでいたのだ。ステージ衣装用の店で買い求めたものではなく、実際の舞台で使われたものだから、現場を語る重要な資料になる。帰りぎわ、お別れのあいさつにきた彼女が、にっこりしながら衣装の入ったビニール袋をわたしてくれた。「約束のものよ。ありがとう。さようなら」そういうと彼女はまた赤いスポーツカーで家路についた。

脱いだばかりの衣装が入ったビニール袋は、一人のダンサーの心意気がつまったオーラに包まれていた。この衣装は、民博の西アジア展示をリニューアルしたさいに新設したベリーダンス用コーナーの中心に展示してある。

フェスティバルでのインタビュー

「まず名前と出身をおしえてください」。ここはカイロのベリーダンスフェスティバル会場だ。もうすぐ休憩時間が終わり、ダンダシュさんが講師をするレッスンが始まろうとしている。

いつものように質問をたたみかけていく。「どうしてベリーダンスを始めたの?」「始めてどれくらい?」など、最初はあたりさわりのない質問から始め、このフェスティバルのことをどう思うか、ベリーダンスをはじめて何が楽しいか、あるいは何か変わったことがあるか、さらにすすんでエロチックなダンスだと思うが男性に見られてはずかしいと思わないか、といった踏みこんだ質問に移っていく。

英語かアラビア語で聞くのがふつうだが、突然、日本語が返ってきた。彼女はレバノン出身でいまは東京の法律事務所ではたらいているとのこと。「踊るのが好きだから?」「それもあるわね。でも、アラブ人としてベリーダンスを学ぶことはアラブ文化に触れることなのよ」「ベリーダンスは世界中の人たちが踊っているけれど、本当のベリーダンスはアラブ人にしかわからないという意見もある。そのことはどう思う?」

彼女がわからないような顔をしたので、同じ質問を英語でくりかえす。すると、はじけたような笑顔を見せた。「わたしはそうは思わない」と彼女が英語で答える。「わたしにとってはアラブ文化につながるものだけど、ベリーダンスは世界の女性たちが楽しむダンスでしょう。いろいろな楽しみ方があっていいと思うわ」

ベリーダンスの発祥はよくわかっていないのだが、ガワージー（ジプシー）の踊りとの関係が深いらしい。アラビアンナイトやヨーロッパ人の旅行記などによると、冠婚葬祭では職業的な踊り子を呼ぶこともあった。一方、遊牧民のあいだでも女性の通過儀礼にかかわる踊りが母から娘へと伝えられていたらしい。十九世紀以降、欧米の需要にあわせて世界に進出するうちに新しい要素が加えられ、やがて逆輸入の形でエジプトなどでも盛んに踊られるようになった。

今までに数百人のベリーダンサーにインタビューをしてきた。彼女たちは明解に質問に答えてくれた。プロだろうがアマチュアだろうが、誰もがみなカメラを前にしても動じずに自分の考えを自分のことばで一所懸命に語りだそうとする。長々とインタビューしたプロのダンサーの中には、この人はどんな人生を送ってきたのだろうと思わせる凄みを感じさせる人もいた。

彼女たちとのインタビュー経験を通じてわたしの問題意識は、はっきりとした形をとるようになっていった。なぜベリーダンスは世界に広がっているのかという素朴な疑問に始まり、グローバル化によって女性的な部分や民族性はどのように変容したのか、現在のアラブ世界でのベリーダンスはどのような位置づけになっているのかといった問題へと関心が深まっていった。彼女たちが語りだす言説の中からこれらの問題を解明し、それを民族誌的なドキュメンタリー映画にしたい。

そこでフェスティバルに参加していたプロのベリーダンサーに連絡をとり、彼女たちの出身地でベリーダンスがどういう状況なのかを取材した。フランス、デンマーク、シンガポールでレッスンスクールや舞台を撮影し、レッスンに来ている女性たちにも次々とインタビューしていった。

デンマークのアンナ・サープさんはいろいろな音楽とコラボしてベリーダンスの音楽としての可能性を求めていた。シンガポールではクラリベルさんを通じて数人のベリーダンサーを紹介してもらい、香港や台湾の教室を取材した。

シンガポールのフィオナさんの教室に行ったときのことだ。ここの教室には、教育熱心な中流家庭出身の女性が多い。美人教師のフィオナさんに「とてもエロチックなダンスだと思うけど、男性の目を意識して踊るのですか」と訊ねてみた。「エロチックに見えるのはあなたがそう見るからであって、わたしは女性の身体を使ってこのダンスを表現しているだけなの」とフィオナさん。説得力のある答えに納得しながら、「先生のダンスを撮らせてください」とお願いしてみる。

彼女は困ったような顔になった。「シンガポールではベリーダンスを踊るようなホールやレストランはないんです」とのこと。そうか、この国ではベリーダンスはショー

写真30　シンガポールのホテルのバーで踊るフィオナさん。(2003年３月撮影)

ビジネスになっておらず、エクササイズのひとつとして見られているらしい。

同行していた民博の同僚で日本の民俗芸能が専門の笹原亮二さんが、耳うちしてくれた。ホテルのロビーかバーの一室を貸してもらって撮影すれば、と言う。宿泊先ホテルの支配人に話をもっていくと、映像のクレジットにホテル名を入れることでオーケーがでた。

ベリーダンス各国事情

こうして昼間にバーの一室を借りて、フィオナさんのダンスを撮影することになった。彼女に確認すると、いつもCDの音楽で踊っているから楽団はいらないという。ダンダシュさんが、舞台の雰囲気や客層にあわせて歌や音楽を選び、客との即興的なかけあいの中から最高のパフォーマンスを組み立てていくのとは対照的だ。

たとえばデンマークには、演奏家と即興的にコラボしたり、タブラ（太鼓）の音にあわせてダンスを組み立てていくダンサーもいる。しかしほとんどのダンサーや生徒は、CDを聞きながらダンスの型を覚えていくのだ。きまったパターンを組み合わせて一曲のダンスをしあげていくところが、ダンサーや教師の腕のみせどころになる。

また、韓国でベリーダンスが盛んな理由のひとつは、韓国の伝統舞踊の手の動きと類似性があり、はいっていきやすいからだそうだ。伝統舞踊を身に着けた人たちがダンサーになることが多く、CDの音楽にあわせながらも韓国風の扇を使ってみるなど、細かいところで創意工夫している。香港

写真31　世界中からやってきたベリーダンサーにレッスンするラキア・ハサンさん

でであったウイグル出身のベリーダンサーも同じようなことを言っていた。彼女はウイグルでは自由な音楽活動ができないから、香港にあるウイグル料理のレストランで踊っているのだという。

では、ベリーダンスをベリーダンスたらしめているものは何なのだろう。どこまで変わってしまえばベリーダンスでなくなるのだろう。そのダンスがベリーダンスとして認められる最小限のものとは何なのだろう。

カイロのフェスティバルを主催し、ベリーダンスをエジプトあるいはアラブの伝統文化として見直そうとしているラキアさんはこう言った。「ベリーダンスはエジプト人のこころなのです」

フィオナさんのダンスを見ながらそんなことを考えていると、カメラマンの井ノ本清和さんが唐突に声をかけてきた「フィオナさんのダン

写真32　香港のベリーダンス教室で取材する撮影チーム（カメラマンの井ノ本さんと助手の安藤葉月さん）。助手の安藤さんもベリーダンスに魅せられ、今ではかなり上達したそうだ。（2011年２月撮影）

スはデンマークのアンナさんとそっくりですよね」。

言われてみればそのとおりだ。映像の編集作業で彼女たちのダンスをみなおしてみると、井ノ本さんが言うとおりだった。

日本でもベリーダンスは盛んになっており、『ベリーダンス・ジャパン』という専門の雑誌もでている。その雑誌を見ると毎月のようにどこかで発表会があり、エジプトなどから有名ダンサーが呼ばれてレッスンやダンスショーで活躍している。

『ベリーダンス・ジャパン』の編集者に取材したことがある。彼女によると、日本ではたしかに盛況だが、一流ダンサーが踊れる場所が少なく、観客もべリーダンスの楽しみ方に慣れていないなどの事情があり、芸術としてのレベルにはまだ手が届かない状況らしい。

この意味でシンガポールでは日本以上に、エクササイズとしてのベリーダンスが純粋培養されているのかもしれず、フィオナさんのダンスの型がお手本に近づいていっているのかもしれない。

フィオナさんについては、もうひとつおもしろいエピソードがある。カメラマンの井ノ本さんにいままで撮った中でだれが一番エロチックだったかと訊ねたとき、井ノ本さんはフィオナさんの名を挙げた。自らの女性性へと無心に回帰しようとするダンサーの肉体には、純粋な意味での女性のエロチシズムが降臨するのだろう。わたしも彼に同意した。

ラキアさんの「ベリーダンスはエジプト人のこころ」ということばには、ふたつの社会的なメッセージがこめられている。欧米による植民地支配のもとで、アラブあるいはエジプト文化の象徴として欧米に紹介されたベリーダンスは大きな質的変化をとげ、中東世界に逆輸入された。欧米で高く評価されたものを自分たちの伝統文化として再評価しなければならない状況で彼女がめざしたのは、ベリーダンスの発信地としてのエジプトでフェスティバルを開催し、ある種の家元制度を再構築することだった。

もうひとつのメッセージは、エジプト社会に向けたものだ。イスラームでは、歌舞音曲は信仰のさまたげになるとして禁止あるいは存在悪とみなされてきた。民衆文化や芸能は低い評価しかうけてこなかったし、女性が顔や肌を他人に見せるのをタブーとする女性観のもとではベリーダンサーはとんでもない存在なのだ。ベリーダンサーには、メッカ巡礼をさせてはならないと公言するイスラーム法学者までいる。

しかしながらベリーダンスは、エジプトの国内総生産の三分の一を占める観光産業にあって、ピラミッドにつぐ外貨を獲得している。このため、一流ホテルやレストランで踊ってもよいのは外国人ダンサーではなくてエジプト人ダンサーのみと定められていた時期もあった。だが「アラブの春」以降、民主化どころかサラフィー主義と呼ばれる新しいイスラームへのより過激な回帰現象が顕著になっている現在、ラキアさんの意図、つまりベリーダンスの社会的地位確立はきわめて困難な状況にある。

グローバルな展開の中心にエジプト人を置くというラキアさんのもくろみは、ベリーダンスの存在について二律背反的な問いを発している。

ベリーダンスを踊れるのはアラブ人あるいはエジプト人だけなのだろうか？　ベリーダンスがベリーダンスであるための最小限の条件とはアラブ的特質に求められるべきなのか？　いやそうではなくダンスを極めることにあるのだろうか？

ベリーダンスがグローバル化したのは、欧米でアラブ的なものやエジプト的なものが流行したからだけではない。運動が好き、音楽が好き、官能的だから、みんなといっしょに踊れるから、体型を気にせずにできるから、何歳になっても続けられるからというぐあいにベリーダンスをはじめる動機はさまざまだし、パリで教室を開いているカメリアさんによると、八十歳近いおばあさんから六歳の少女まではば広い年齢層の生徒がいるそうだ。これは、台北の教室でも同じだった。

彼女たちは、ベリーダンスによって思う存分自分を表現できる、女としての自分の体が好きになれる、ベリーダンスを踊ると自然に体が笑い、自分が女であることを再確認できるというような答えをかえしてくれた。

グローバル化によってベリーダンスが獲得している役目は、エジプトの民俗社会で伝えられてきた踊りの社会的役割でもあったようだ。その意味では、グローバル化によってベリーダンスが先祖帰りしているともいえる。女性のからだとこころのバランスを維持する効果があるからこそ、世界中の女性に受けいれられて広まっているのだろう。

こうして、ベリーダンスとそのグローバル化をめぐるさまざまな疑問は、ベリーダンサーが何を表現しているのかという問題に収斂していく。女性としての身体性にかかわるものなのだろうか、それともアラブ的なダンスのエッセンスにかかわるものなのだろうか。それを解くためにはベリーダンスやダンスの研究という枠をこえ、人間の文化にとって音楽表現と身体はどのようにかかわっているのかという新たな視点が必要になる。

カメリアさんの波乱万丈伝

「アン・ドゥ・トロワ、アン・ドゥ・トロワ」。パリの女子高生たちが発表会を前に最後のレッスンをうけている。ここはパリ十四区。アラビア語の歌詞の曲にあわせて数人のグループが前後左右

写真33　生徒たちの発表会で踊るカメリアさん。この時のダンスは衣装も動きも韓国風にアレンジされていた。（2003年５月撮影）

に移動している。カメリアさんの教え子たちだ。

今までにあった中でもっとも印象深いベリーダンサーはときかれれば、迷うことなくカメリアさんの名を挙げるだろう。パリ郊外の町でレッスンがあるというので、駅のホームで待ちあわせることにした。ところが、列車の出発時刻が迫っているのに、ベリーダンサー風の女性はいっこうに姿を見せない。と、長い黒髪をした東洋人風の女性が手を振りながらこちらにやってくる。でも、着ているものはジャージのスポーツウェアだ。失礼を承知で書けば、大阪のオバチャンがふだん着で近所の買い物に出たといった感じなのだ。

列車の座席で話を聞くうちに第一印象はふきとんだ。まさに波乱万丈伝だ。在日韓国人として生まれ、日本社会の息苦しさから逃がれるようにパリにやってきた。天性の素質を生かし、タブラ奏者として彼女を支えてきたエジプト人の夫にもめぐまれ、ベリーダンサーとして生きてきた。

彼女の自宅で半生を語ってもらい、映像作品を作成した。その中に、印象深いことばがあった。

「モロッコの王様の前で踊ったこともあるけれど、今は韓国的な要素もとりいれながら自分のダンスをきわめようとしている。ベリーダンスはアラブ人とかエジプト人にしか踊れないという意見には賛成できないけれど、アラビア語の歌の意味をちゃんと理解しないといけないわね。だからレッスンでもアラビア語の歌詞の意味を説明するの。それともうひとつ大事なのは曲のリズムね。タブラでリズムをとる練習を教え子にもさせるし、自分でもタブラ奏者について習っているのよ」

別のタブラ奏者からも「アラブ圏以外の人は音楽をきかずにベリーダンスだけを踊ろうとする人が多い。ダンスに魂をこめるにはアラブの音楽を理解していないとだめ」ときかされた。

「演歌は日本人のこころ」「ジャズはアフリカ系アメリカ人（黒人）のソウル（魂）」ということばを聞く機会は多い。特定の人間集団と音楽（歌）とのわかちがたい関係を示すレトリックなのだとしても、このようなレトリックをうみだすメカニズム、あるいはそのレトリックが表象する音楽さらに言えば歌としてのことばと人間の関係を明らかにすることが、ベリーダンスをめぐる一連の問題をとく鍵になるはずだ。

調査で海外にいったときに探して買うものがある。笛だ。笛といっても、ひとつの音しかでないホイッスルのようなものだ。ロンドンやパリでは、骨董屋やのみの市で探すこともある。ロンドンの地下鉄で使われていた古い笛や、パリ警視庁のおまわりさんの笛などはこうして手にいれた。

こういう笛には合図や警告など、何らかの社会的役割がある。ポルトガルのコルンのように家畜の放牧のために吹くものもあるし、人間の赤ちゃんをあやすための笛もある。いずれの場合も、も

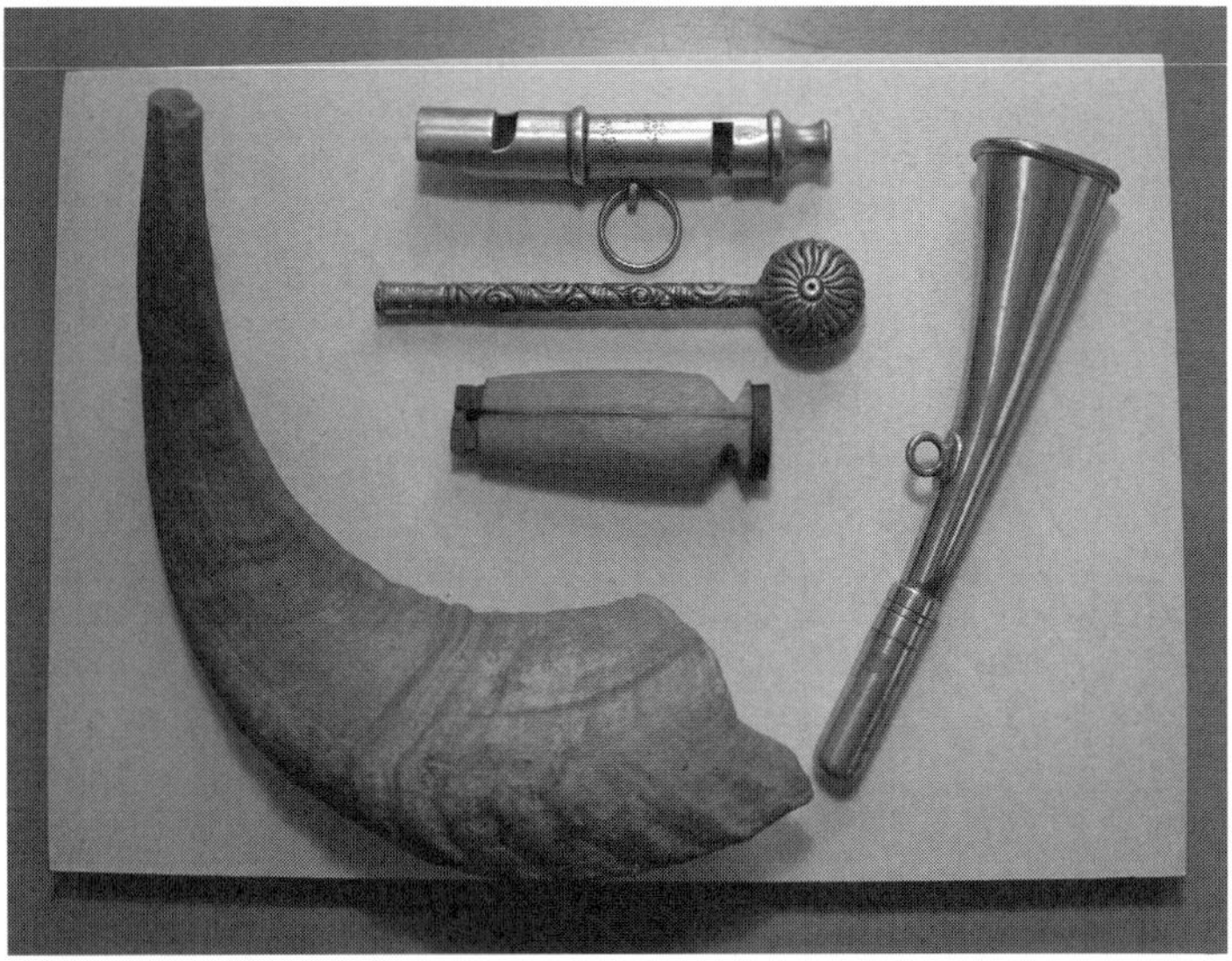

写真34　海外調査地で収集した笛（上からロンドンの警官の笛、サウジアラビアのジュルファの銀製子ども用笛、ケニアのマサイの危険を知らせる笛、イエメンのユダヤ教徒のショーファー。右はポルトガルの牧夫のコルン）

とは人間が声によって合図したり警告したりしていたものだ。

つまり人間の声が担っていた役割を道具化したものが笛であり、笛にはさまざまな社会的役割がある。このような笛の社会的役割について考えようとする場合、音文化という視点が有用になる。

人間は声による言語以外にも、身体、道具、楽器などによっていろいろな音をだしながら、その音を聞く人に何かを伝達している。音楽も含めて人間と音の関係を文化という側面から考える視点が音文化だ。

音文化という概念を日本で最初に提唱した文化人類学者の川田順造先生は、アフリカの無文字社会を研究するうちに太鼓ことばというコミュニケーション手段にであい、音文化という考えにいたったそうだ。音文化の視点から、ベリーダンスと歌の関係にかかわる問題をとらえ直せるかもしれない。

ちょうどそのころ、音文化や口承文化をめぐるいくつかの共同研究に参加する機会があり、さまざまな分野の研究者との交流を通じて有益な示唆を得ることができた。特に川島秀一先生の調査報告は興味深かった。

瀬戸内海の漁民が大切に伝えてきた文書の中に「浮鯛抄」とよばれる一種の職人巻物がある。その巻物は漁の許可証として機能していたのだが、実際にそこに書かれていることと、口承で伝えられてきたことがくい違っている。ところが、許可証発行にまつわるできごと自体は口承で伝えられており、その口承によって許可証の重要性が裏書されるという形で、許可証が効力を発揮してきたのだそうだ。現代人は文字資料のみを重視する傾向があるが、文字資料と口承がからみあいながら機能していたということを知り、目からうろこが落ちた気がした。

このような共同研究会では、聖典コーランについて音文化の視点から考察した。コーランは書かれた文献として伝えられながらも、実際には声に出して朗誦することの方に重きがおかれている。

初めてコーランの朗誦を聞いたときのことだ。ニューヨークの同時多発テロ事件の翌年、庶民生活の映像取材のためにカイロを訪れた。前年の事件のこともあり、イスラーム世界の広報活動が重視されていたせいかもしれないが、普通は撮影がむずかしいモスク内でも撮影許可がおりた。

観光名所ハーンハリーリー広場の近くにあるフセインモスクには、殉教者として名高いフセインを崇敬するための廟がある。この廟には、心身の病気平癒を願っておおくの女性たちが訪れる。緑の布でおおわれた廟の隣の壁ぎわに一人の老人がすわっていた。どうやら目が見えないらしい。老人の前には小さな金属製の椀がおいてある。ひとりの女性が老人の耳もとで何事かをささやきながら椀に小銭を入れると、老人はおもむろにコーランの一節を唱え始めた。

一瞬、彼のまわりの空間だけ時がとまったように感じた。歌うように抑揚をつけて朗誦する彼の声は、神になりかわって真実のことばを発しているようだった。圧倒的な存在感で空間を貫く朗誦に聞き入りながら、これは歌ではないのかと思った。

このときの経験は、イスラームでは信仰のさまたげになるものとして歌舞音曲がタブー視されているのに、コーランの音楽性をどう考えればいいのかという疑問へとつながっていった。ここで逆の発想をしてみた。つまり、コーラン朗誦も歌の一種だと考え、ことばの音によるコミュニケーションと連動するような音文化の中で考えてみることにしたのだ。

音楽が持つ二面性

言語学や認知科学など最新の知見によれば、人間の言語の中で音韻論はほかの統語論などの部門から比較的独立した部門として人間の意識的認知システムの外にある。つまり言語音とは個々の人間の意識の外にある自律的体系をもつ閉じたセットであり、外界の雑多な音の中から有意義な音として弁別されなければならない。

非言語音は機能的音声と非機能的ノイズに分けられる。機能的非言語音のセットは開かれており、個々の人間の日常的体験や状況に応じて変化する社会的規制が高い音文化の一部である。つまり言語学的視点にたてば、音文化とは文化資源として活用される言語音以外の音であり、ここで言う機能的非言語音の人間による利用を言う。

人間は言語音の体系を言語能力として脳内化させ、非言語音を言語音として併用したり、別の体系として文化的に活用している。つまり文字言語テキストとは文字という視覚パターンによって書くことであり、歌とは言語以外の音声パターンによって音声言語テキストを書くことなのだ。

歌にはもうひとつ重要な特徴がある。通常の会話における情報交換とは異なり、発話者（歌い手）が聞き手なり聴衆に与える情報量はゼロであり、歌詞テキストの内容が真理かそうでないかに関する態度は表明されない。その意味で聞き手の全員が内容に通じている歌詞とは、真理値を超越した言説として表象されるテキストだといえる。

歌の本来的な機能とは、メロディーやリズムといった機能的非言語音によって音声言語テキストを記録することであり、非日常的真理を語ることである。また音によって言語を記録して集団で共有し、日常を越えたところにある普遍的な真実を言説として記憶するのが歌であるとすれば、歌を共有することはすなわちひとつの共同体を形成することにほかならない。

歌や楽曲をともなう多くの宗教儀礼では、音楽自体に情報交換の機能はなく、音楽が行われることだけに意味がある場合が多い。儀礼テキストの真の意味はテキストの音楽性と身体性に還元され

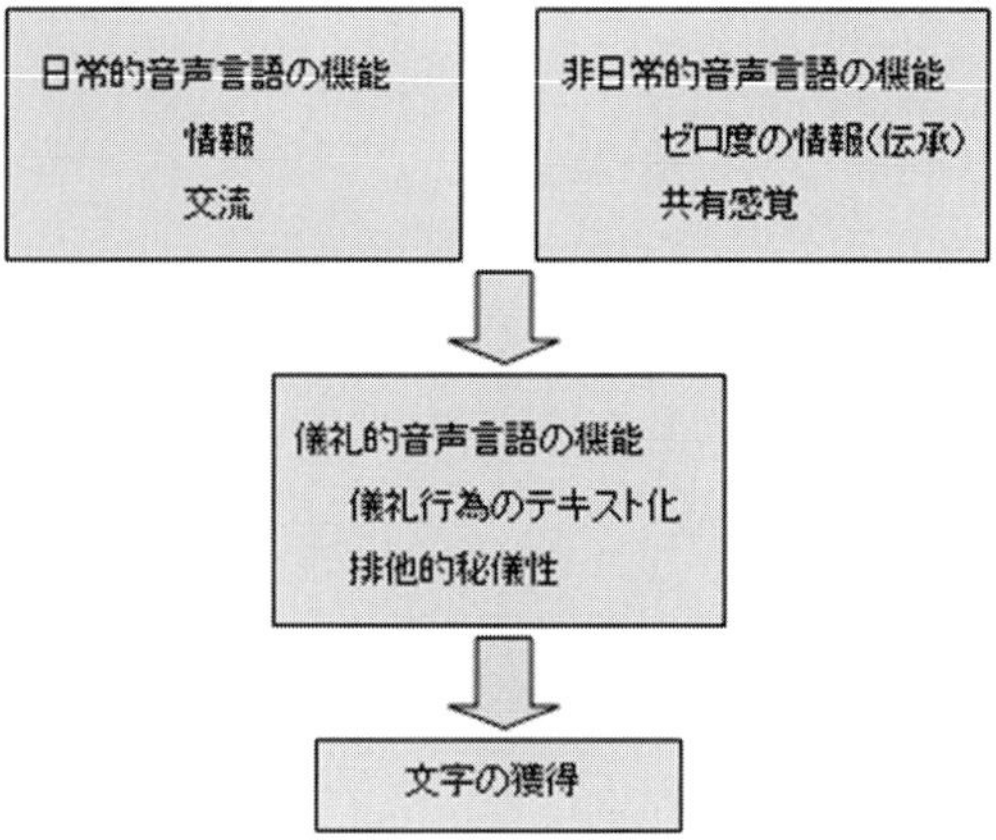

図６　儀礼的音声言語としてのコーランがイスラーム共同体を統一するメカニズム

ることになる。儀礼の音楽はことばの有無にかかわらず、音楽本来の機能である集団維持機能だけを担い、儀礼での身体行為や物理的空間が、儀礼というテキストの形式と意味を担うようになる。

　このような儀礼的音声言語としてのコーランは、文字による聖典としてテキストを固定し、特権的知識階級（ウラマー）に解釈をめぐる知識的伝統を限定したため、音声言語テキストのもつ本来の伝承性と集団維持機能を保持することができた。また、イスラーム世界共通のアラビア語で文字テキスト化されたため、歌詞のない楽曲と同じように言語と民族の違いを越えてテキストを共有する集団を拡大できた。さらにサジュウ体という独特の形式で記憶され詠まれることにより、歌詞のある歌と同じようにテキストを共有する集団をイスラーム共同体（ウンマ）の名のもとに統一することができた。

　このように考えると、イスラームが音楽を禁止あるいは制限した理由が見えてくる。文字テキストとしてのコーランが持つ特徴は、「イスラームのこころ」としてのコーラン、つまりコーランの本当の意味は真のムスリムにしか理解できないという排他的な思想をうみだす原動力となっている。そしてそれとともに、宗教儀礼としてのコーランがイスラーム共同体を統一しているメカニズムは、音楽が潜在的に有する排他的集団維持機能が原動力となっている。

儀礼的音声言語としての歌が歌詞によって意味づけをされるように、身体を使った儀礼では身体行為による意味づけが行われていると考えるならば、ベリーダンスと歌（音楽）の関係もおのずとわかるだろう。ダンスのそれぞれの動きやパターンが歌の意味として対応しているからだ。ただしそれは、歌詞中の単語の意味を分析し、通常の言語テキストとして理解することではない。単語の意味は踊ることによってのみ伝承され、解釈が共有されるからだ。

ベリーダンスは身体性に回収されることで一方の極では排他的秘儀性を持ち、もう一方の極では普遍的女性性を持つことになる。このように音文化という視点からコーランとベリーダンスを同じ土台にのせ、それぞれにかかわる疑問を解きあかそうとする思考実験は、イスラームや中東を冠した現在の地域研究からは決してうまれないだろう。わたしが地域研究に身を投じない理由のひとつはそこにある。後者からは人間文化や人類の普遍性への地平が拓かれることはないからだ。

次の章以下ではコーランとベリーダンスのであい以上に刺激的な、アラブ研究者とシェイクスピアのであいへといたる道をたどってみよう。

第五章　沙漠のシャイロック――アラブ社会の異人観

カラーム（寛大さ）は美徳

ベドウィン社会では客人を歓待する。所要でベドウィンの村やテントを訪ねたとしても、いきなり要件をきりだすような無粋なまねをしてはいけない。まずは、すすめられるままにシャーイ（紅茶）をいただく。それも最低三杯。「これ以上は飲めません」という意思表示のためには、空になったコップを二、三回ふりながら「アマール」と言えばよい。だが油断してはいけない。さぞかしのどがかわいていたのだろうというわけで次はコーヒー攻めだ。

アラブ社会ではカラーム（寛大さ）を重んじる。客人にカラームを示すことは主人のつとめであり、部族のかしらともなればカラームが絶対条件なのだ。聖カトリーヌ修道院でクリスマスのミサを調査していたときのこと。修道院はモーゼ山の中腹にあり、冬には雪が積もる。ミサは夜を徹して夜明け近くまでつづく。水野先生と数名で徹夜のミサを調査していたのだが、寒さに耐えられなくなったわたしと何人かのメンバーは、早々と修道院を出ると近くにある巡礼者用の宿舎でやすむことにした。だが暖房がなく、「寝たら死ぬぞ」レベルの寒さだ。修道院で働いているジバーリ部族の若者に、暖をとるものがないか訊ねたのだが、寒いのはあたりまえだという。そこで切り札とばかりに族長の名をだし、奥さんの実家でずっと世話になっていることなどを話した。

しばらくすると部屋のドアをたたく音がする。さきほどの若者がヒーターを運んできてくれたのだ。それもまだ新品の箱に入ったままのデロンギヒーターだった。後でミサを途中でぬけだしたことを同僚からさえさんざん非難されたが、その夜は暖かく眠ることができた。

さて、族長のテントを訪問した日には、ソブヒー氏の娘で族長の長男に嫁いできたマンスーラがコーヒーをいれてくれた。フライパンにいれた豆を半いりくらいでとりだすと金属製の容器に移しかえ、棒で豆を砕いていく。チンチンカンカンとリズミカルな音がする。

コーヒーということばはアラビア語のカフワから来ており、南シナイではガハワとよぶ。コーヒーを飲む習慣は、中世のアラブ世界で始まって世界中に広まった。半いりの豆でいれた薄緑色の苦いコーヒーの次は、本格的なコーヒーが出てくる。マンスーラがヘールとよばれる香草をコーヒーに入れてくれた。ヘール入りのコーヒーは清涼感があって沙漠の夏の暑さを一時忘れさせてくれる。延々とつづくコーヒーセレモニーが終ると、やっと要件をきりだせるのだ。ただし、昔のしきたりでは、三杯をこえてお茶やコーヒーをいただいてはいけなかったらしい。それ以上を客が要求するということは、主人の妻を要求するにも等しいのだという。

お茶やコーヒーによる接待に限らず、ベドウィン社会は客としての他者を処遇するすべにたけている。これは遊牧生活を通じて他部族と接する中で生まれてきたものであり、ベドウィン社会は思われている以上に開かれた社会としての側面をもっている。ただしベドウィンの村を訪ねても、常

写真35　沙漠であったラバーブ弾きの名手（この人は本当の名手だった！）。右端はほとんど専属として南シナイを踏破したタクシードライバーのシャーキルさん。彼は映画「アラビアのロレンス」で有名なホウェイタート部族の出身だ。（1992年１月撮影）

に歓待されるわけではない。

一弦の琵琶のような形をしたラバーブという楽器がある。これの名手がいると聞いてある村を訪れた。村に着くと、待ちかまえていたかのように一人の男が顔をだし、例のごとくお茶になった。お茶のつぎはお約束のコーヒーだ。いつラバーブを弾いてくれるのかと待っていると、ようやく楽器をもってきて、調音でもしているのかギーギーガーガーと弾き鳴らし始めた。

ややあって音楽らしい旋律にはなったが、どうもおかしい。まだ調音がつづいているのか、あるいはこんなものなのかと録音を続けていると、おもむろにラバーブを置いて謝礼を要求してくる。コーヒーをふるまってくれたみなさんと分けてくれとお金を渡すと、その足でいなくなってしまった。

当然ながらあとは大騒ぎだ。どうやらその男はラバーブの名手などではなく、弾きまねだけしてとんずらしたらしい。録音したものをあとで聞くと、とうてい聞けたしろものではなかった。

テント内の空間

このようにシナイ半島のあちこちを車で回りながら、村やテントを訪問していった。政府による定住化政策もあり、テント生活をするベドウィンの数は激減している。シナイ半島でも同様だ。テントの中は主人の権限がおよぶ空間であり、客人が入れる空間と家族の者しか入れない空間に二分されている。後者は女性のための空間でもあり、ハリームとよばれる。ハリームはハーレムということばの語源であり、「(家族以外の者が入るのを)禁じられた(空間)」という意味だ。ここはきわめて私的な空間であり、客人であってもよそ者はたちいることができない。

主人の権限がおよぶのは、テント内の空間と、テントを張るためのロープの端をつなげて描く楕円形の範囲だ。したがって客であっても武器をもっている場合には、テントの入り口ではずさなくてはならない。テントの空間構造や客への接し方をはじめとする人間と空間の関係性などを調査しているうちに、なぜ、古典アラビア語やほかの諸方言にはない特異な言語形式がジバーリアアラビア語にだけみられるのか、ジバーリアアラビア語にある特異な空間認識が彼らの人間観ないし他者観に何らかの影響を与えているのではないかと思うようになっていた。

この疑問にたいしては、別の調査からヒントを得ることができた。ひとつはジバーリアアラビア語

写真36　シナイ半島南部の沙漠に暮らすアラブ遊牧民（ベドウィン）のテント。
（1992年１月撮影）

の親族名称に関する調査だ。親族名称について聞きとったあと、次は、人間分類について の世界観をどうやって分析しようかと考えあぐねていた。このころ、マブスータが話してくれた民話や昔の村での生活や習慣についての話の中にハムセ（ハムサ）という単語が出てきた。

ハムセとは「五つ」を意味し、五世代間にわたる血縁関係のある親族を指し、血讐（血の復讐）とよばれるアラブ社会のしきたり（現在はほとんど廃れている）と関連する。つまり、ハムセ内の誰かが殺害された場合には相手に対して復讐する義務が生じるのだ。

若いカリーマなどは知識としてハムセのことを知っているだけなのだが、驚いたことに、ハムセにあたる親族の名前を訊ねると全員の名前と親族関係をすらすらと答えてくれた。

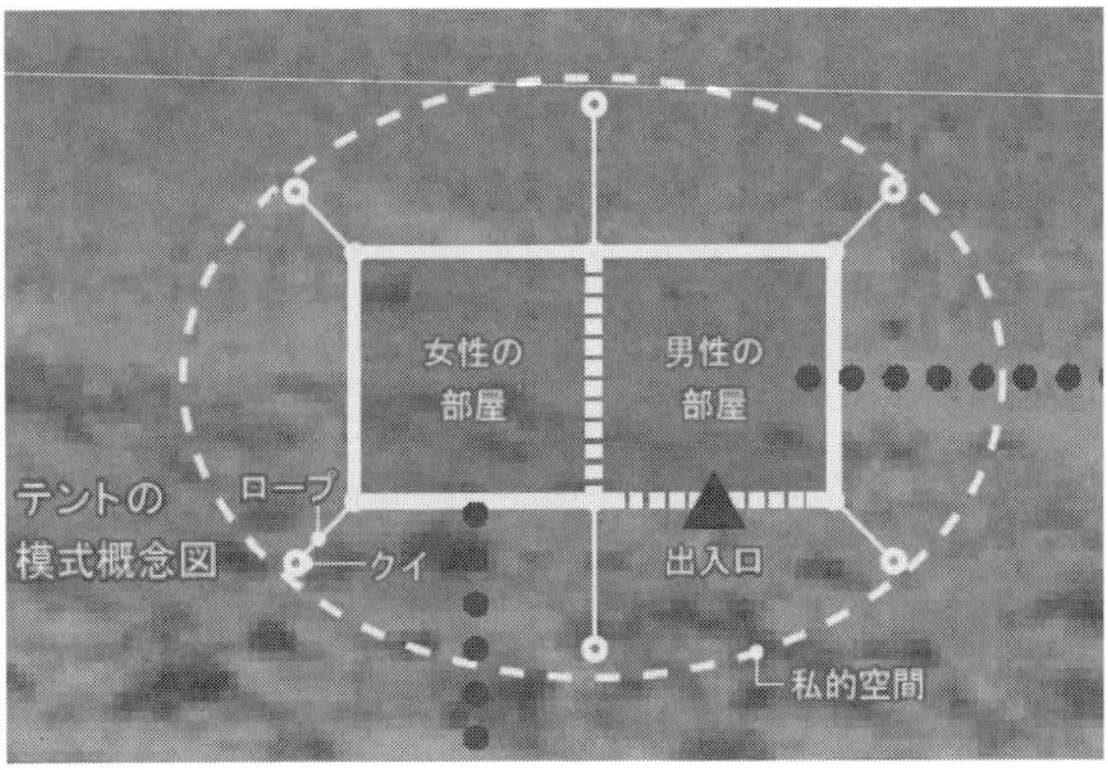

図7　テントの模式的概念（民博西アジア展示の説明図より引用）

日本の都市部に暮らす若者に五親等内の親族の名前を訊ねたとしても、すらすらと答えられる人はほとんどないのではないだろうか。

こうしてカリーマが答えるままにハムセにあたる人たちの名前をメモしていき、家族単位で居住地を地図上におとしていく作業をしていると、彼女の口からジュウワーニーとバッラーニーということばがもれた。このふたつのことばは親族の近さによって分けるためのことばだが、よくよく聞いてみると、系図上の近さや遠さだけが基準ではないらしい。どうやら、系図上の近さと実際に近くで暮らしているかどうかが関係しているようだ。

遠い親族は基本的にバッラーニーなのだが、何らかの理由で近くに移ってきて生活空間が重なるようになるとジュウワーニーとなる。ジュウワーニーにはエーレ（家族）も含まれ、個々の人間にとって非常に近しい存在だ。バッラーニーには遠い親族や遠くに住む親族、同じ部族の人間であってもあまり近くにはいない人間が含まれる。

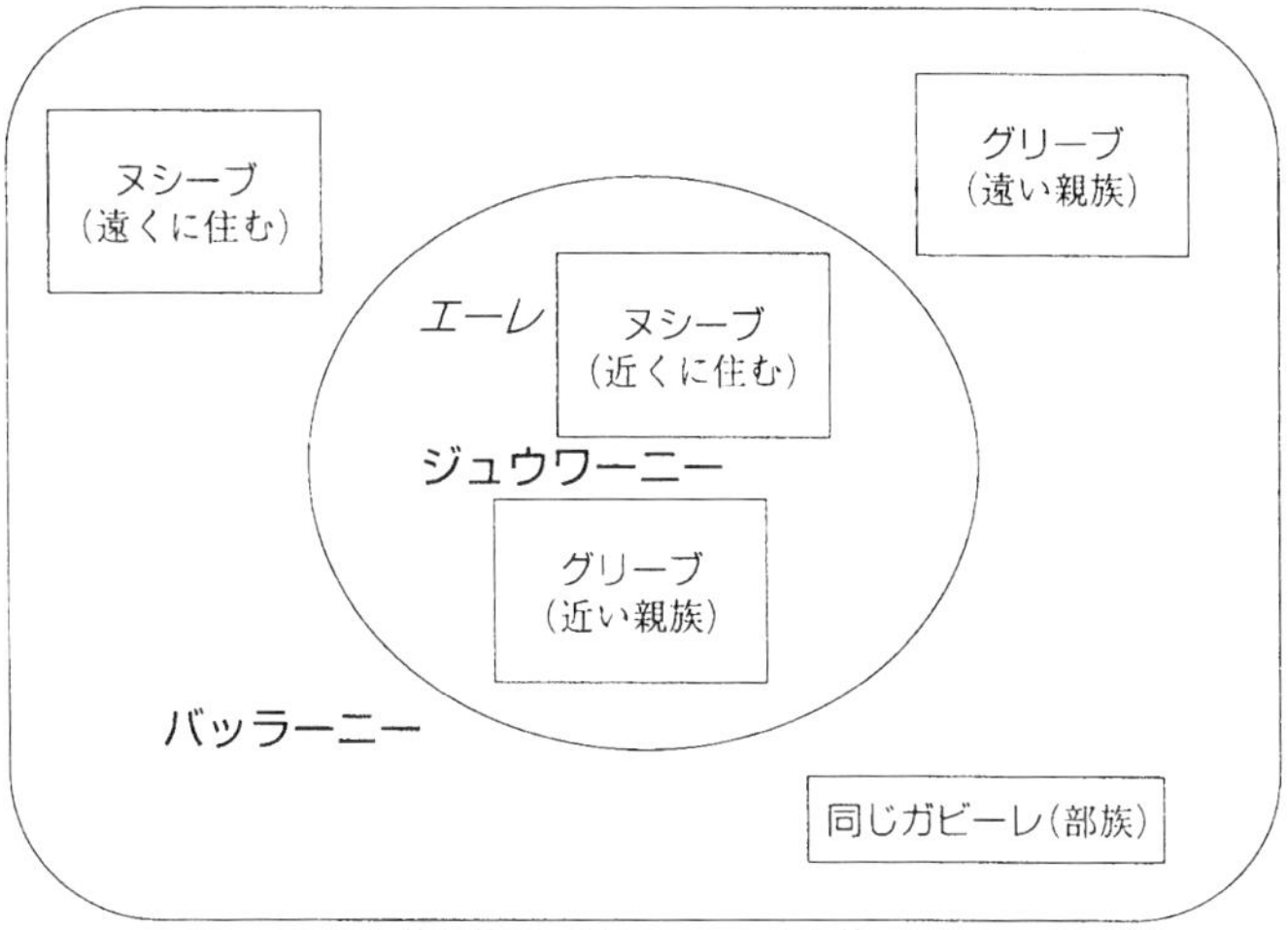

図8　バッラーニーとジュウワーニーの概念

そしてさらにそれよりも関係のない他部族民、外国人（アジュナビー）、よそ者（ガリーブ）等を含む三つめの集団がある。

ジュウワーニーとバッラーニーの語源であるジュウワとバッラという単語はそれぞれ「内」と「外」という空間にかかわる単語だ。ジバーリアラビア語特有の空間表現の場合と同様に、近い関係にあたるものをより近いものとそうでないものに分け、全体として三つの区分をもうけている。このような特異な空間概念と人間分類には、何か関係があるのだろうか？　この疑問は、調査で村やテントを訪れたときに、よそ者としてのわたしたちはどのように認識されていたのだろうという漠然とした疑問と結びついていった。

こうしてよそ者を受け入れる社会制度（ダヒール制度）の存在に気づくことになる。このダヒール制度こそがマブスータが語ってくれた例の民話を分析し、ジバーリの人たちの世界観を解明するキーワードともなった。その議論を追うまえにもうひとつジバーリアラビア語の成立の謎をとくヒントになった事実について述べておこう。

ジバーリ部族以外が住む村をまわっていると、彼らの口からジバーリ部族の話が出ることもある。初訪問の場合は自己紹介するのだが、ジバーリの世話になっていて族長とも知りあいだと話しだすと、一瞬だがいやそうな顔をする人がほとんどだ。ジバーリとは縁組しないと言う人までいる。

他部族の人たちがジバーリ部族に感じている一種の侮蔑感は、ジバーリの人たちがもっているエリート意識と対になっている。では、南シナイにおける部族間関係はどうなっているのだろう？

ジバーリアラビア語の特異性を説明する鍵は、ジバーリ部族の歴史と他部族との関係にあるらしい。聖カトリーヌ修道院に残された膨大な文書、シナイ半島を訪れたキリスト教徒巡礼者らの記録、ジバーリ部族による出自伝説をつなぎあわせると、聖カトリーヌ修道院、ジバーリ部族、次々と流入するほかのアラブ部族の三者の関係の中で南シナイの歴史がつむがれてきたことが見えてくる。

ここで、前章で触れた「浮鯛抄」の書きつけをめぐる新知見を思いだしてみよう。古文書を解釈するさいには作成された時代の社会的関係を考慮にいれなければならないし、口頭で伝えられてきた出自伝説にしても一貫して不変というわけではなく、当該部族や集団の現況、将来的展望を反映しながら操作と改変がなされることを常に念頭におかなければならない。

データはだれのものか？

南シナイの諸部族の地理的分布については、イスラエル占領時の調査データがあったが、観光や工場などによって現地の人たちのライフスタイルが劇的に変化しており、政府による定住化のせいもあって南シナイの部族勢力図は大きく変わっていた。しかもイスラエルによるシナイ半島の調査は、短い占領期間にできるだけ多くのデータを集めようとする荒っぽいものだった。

彼らの主な関心は、かつてのヘブライ人が十戒をさずかったとされるシナイ地域に残っているはずの祖先の足跡をたどることにあった。遊牧民の中にヘブライ人の名残が遺伝子レベルで確認されるかもしれないという希望のもとに、血液採取や遺伝子検査までこころみている。この手の形質人類学的調査は、植民地時代の調査報告中にはうんざりするほどでてくる。風土病研究などのためには、重要な調査なのかもしれない。だがこういった調査には、調査者と調査相手、その調査成果を享受する研究者をまきこんで、個々のデータはだれのものか、そのデータをどこまで公開し利用できるのかをめぐる研究倫理の問題がついてまわる。しかもそれらのデータが、当該の個人や集団に直接的な影響を与えかねない場合もある。

共同研究者で社会人類学を専門にしている堀内正樹先生らといっしょにトゥールの情報省分室に行ったときのことだ。わたしたちが南シナイの部族調査をしているのを知っていた新任の所長は、とてもいい資料があるからと言って地図をわたしてくれた。地図には、南シナイの部族名と分布図、各部族の族長名と居住地がプロットされている。どこかで見たことがあると思ったのはわたしだけではなかった。堀内先生は何も言わず、感謝のことばを伝えると地図をもらってその場を辞した。地図上のデータは、前回の調査が終わったあと、当局に報告していたものだったのだ。

わたしたちの調査は政府から許可を得て行われているため、報告の義務がある。報告された成果を利用するのは当局の自由なのだが、そのデータが政府公認の資料のように一人歩きしてしまうことには大きな不安があるし、政策に影響を与える危惧もある。この件以後、情報省を相手にするさいには現地調査で得たデータの扱いに慎重になった。

また、このような例もある。わたしたちはアラブ世界全域の部族名、部族の出自、移動先、系図関係についてのデータベース作成もすすめていた。もちろん、すべてを現地で調査するわけにはいかないからカッハーラの『アラブ部族辞典』をほかの部族辞典で補完しながらの作業になる。ベースとしたカッハーラの辞典はアラビア語で書かれているうえに、項目ごとの記述が散文的であり、統計データなどの分析をするには不向きだった。そこで部族名と別名、出身地、移動先とそのルート、系図関係データなどの項目を用意し、そこに抽出した情報を入力していった。

成果はＡＡ研から『アラブ部族辞典』(英語)として出版し、コンピュータで検索できるデータベースとしても利用できるようにした。このデータベースでは各部族についての諸情報が異説も含めて並列的に記載されており、さまざまな部族が時代や周辺状況に応じて出身地や系図を操作してきたらしいことが見えてくる。これらを解析していけば系図操作の方向性や地域的特性も浮かび上がってくるだろう。しかしながらこのデータは、画一的な調査によるものではないから、現時点での特定部族と他部族との関係を知るには適していない。

イラク情勢とからめてこのデータベースを利用させてほしいという申し出も何件かあったのだが、すべて断ってきた。また、辞典の改訂版を出版したいという話もペンディングにしてある。自分の中で研究倫理の問題がくすぶっているからだ。

聖者の血脈

こうして部族分布を調査するうちに、南シナイの歴史や部族間関係を考えるにはこの場所をひとつの独立した地域として考える必要のあることがわかってきた。南シナイでは部族の分布がいりくんでおり、せまい地域の中に多くの部族がおしこめられた印象が強い。

南シナイには、聖カトリーヌ修道院の創建（六世紀）以前からアラブ系の部族が住んでいた痕跡があるし、創建の少し後にやって来たという伝承を持つ部族もある。おもしろいことにそういった部族は南シナイの端に追いやられ、海岸地域で漁などに従事している。

聖カトリーヌ修道院は長い歴史をつうじて南シナイの社会経済的中心であり、近代にいたるまで絶対的な権威と経済力を維持してきた。したがって、修道院、修道院に選ばれた民としてのジバーリ部族、次々とやってきて勢力拡大を意図する周辺諸部族の三者間関係が錯綜することになった。また、時代ごとの外部勢力となったカイロやイスタンブールなどとの関係も無視できない。このような状況のもと、諸部族は合従連衡をくりかえし、勢力図を塗り替えてきた。

現在、もっとも勢力を拡大しているのは、比較的最近になってアラビア半島から移動してきたムゼイナ部族だ。旧勢力のサワールハ部族連合とエレガート部族のあいだで大きな争いがおきたが、ムゼイナが後者の側に立って勝利したことによる結果が、現在の勢力分布の基礎となっている。

このような合従連衡を現実の世界で演出し、諸部族の関係を象徴する存在として機能しているのが聖者という存在だ。当初は言語調査のためにシナイを訪れたわけだが、音楽調査のさいに聖者祭を訪れたり、民話の採録で聖者にまつわる話を聞いたりする機会にも恵まれた。やがて、南シナイにおける聖者の存在がジバーリ部族も含めた地域全体の世界観を解明するキーワードになると気がついた。きっかけを与えてくれたのは、例によってカリーマとの会話だった。

ハムセにかかわる系図関係のデータをカリーマに再確認してもらったときのことだ。ハムセについて実際に即して知りたかったのと彼女の父親であるソブヒー氏一家、つまりわたしが世話になっている家族の出自についておさえておきたかった。先に書いたように、ソブヒー一家はジバーリ部族の中でも特別あつかいをされているようだった。族長でもないのに南シナイ州政府が主催する全部族長会議に出席する権限をもっているし、彼の息子と一緒に修道院に行けばふつうは入れない図書館も顔パスだ。ソブヒー家の隣にある修道院の遺跡も政府から任されていた。ひょっとすると南シナイの伝説の財宝を守っている一家なのかもと、想像をたくましくしたこともある。

秘宝の守護者とまではいかなかったが、言語の聞きとり調査をさせてもらっていたスレイマン老はただ者ではなかった。彼は一九二七年に最初の奥さんのサールハと結婚し、彼女が一九四一年に亡くなるまでの間にソブヒーをはじめ三人の息子をもうけた。サールハの死後、最近になって若い奥さんと再婚し、彼女との間にも一子ができている。だが、ただ者でないのはそのことではない。

最初の妻サールハが鍵を握る人物だった。彼女はスレイマン老と結婚する前にハミードと結婚したが、子がないままハミードは一九二五年に亡くなった。実はこのハミードがジバーリ部族内で聖者としてもっとも崇敬されているシェイフ・アウワードの一人息子だったのだ。

シェイフ・アウワードは一九一二年に亡くなった実在の人物で、数々の奇跡譚が語り伝えられている。わたしもマブスータから彼にまつわる聖者譚を聞きとっていた。シェイフ・アウワードはジバーリ部族のアウラード・ジュンディー支族に属しており、マブスータ自身も同支族の出身だった。マガーム（マカーム）と呼ばれるシェイフ・アウワードの聖者廟は、道なき道を行った先の沙漠のど真ん中にある。廟といっても彼の遺体があるわけではない。ふだんはあまり人も訪れないが、夏になってズィヤーラ（ズワーラ）とよばれる聖者祭が開かれると、部族の人たちでいっぱいになる。シェイフ・アウワードの聖者廟はジバーリ部族の統合の象徴として機能しているのだ。

ハムセについて最初にカリーマに確認したときの記録にも、シェイフ・アウワードの名があった。彼がジバーリ部族の重要な聖者であることもマブスータから聞いていたのだが、両者を結びつけて考えることができなかった。少なくとも自分の感覚では、シェイフ・アウワードの一人息子と結婚した女性とスレイマン老が再婚したとしても、シェイフ・アウワードとはつながっていないと思えた。だがそれは間違っていた。カリーマが言うには、シェイフ・アウワードが聖者としてもってい

写真37　シェイフ・アウワードの聖者廟。聖者の遺体が入っているかのような箱が安置され、聖者を象徴する緑色の布で覆われている。(1992年1月撮影)

たバラカがハミードから妻を通じてスレイマン老とその子孫にも受け継がれたらしい。つまりソブヒー一家はシェイフ・アウワードの末裔ということになる。

バラカというアラビア語は神の恩寵とか祝福とでも訳せる単語だが、聖者信仰においては神からバラカを授けられた聖者が奇蹟をおこしたり人を救ったりするとされる。バラカは聖者の血統によっても受け継がれるが、聖者にさわったり唾をかけてもらったりしてもいいし、聖者からバラカを得るために妻と交わらせたという記録も残っている。

こうしてソブヒー家の謎はとけたが、また新たな謎が出てきた。シェイフ・アウワードがアウラード・ジュンディー支族の出身だということである。ジバーリ部族にはほかの聖者もいるのだが、聖者祭まであるのはシェイ

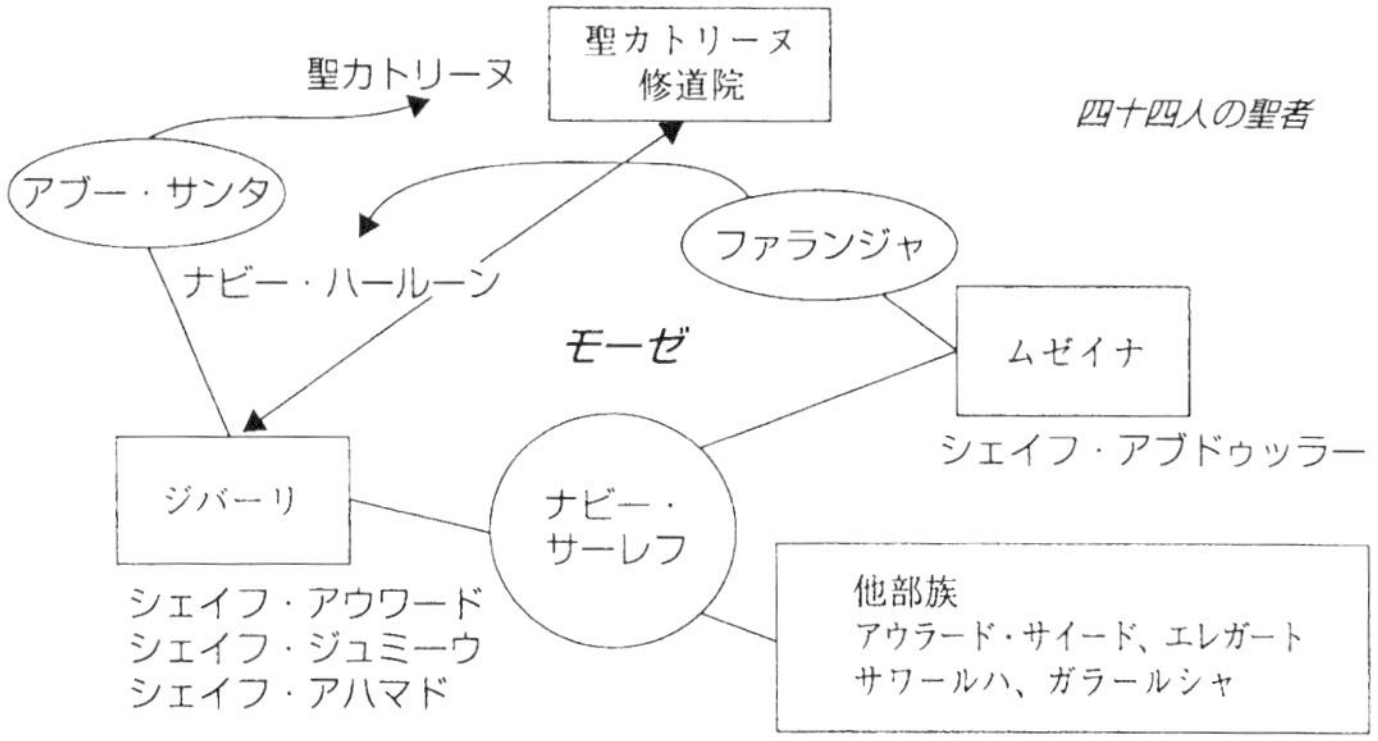

図9　ジバーリ部族からみた南シナイにおける聖者と部族の関係

フ・アウワードだけだ。古い聖者廟の中には霊験が衰えたのか人が寄りつかなくなったものもある。だが、シナイ半島をめぐるさまざまな旅行記を読むうちに、この疑問を解くヒントが見つかった。現在をいくらみていてもわからないことはわからないのだ。

ジバーリ部族はシナイ半島を訪れた巡礼者の世話をすることも多かったから、巡礼者らの記録にも資料が残っている。そういった資料を集めて比較し、ジバーリの各支族に伝わっている出自伝説とつきあわせてみると、カリーマから聞いてソブヒー氏本人が確認したものと異同があり、さまざまなバージョンがあった。

ちなみに彼らにとっては歴史的事実とされている出自伝説のような物語については、男性が伝承を管理しており、カリーマが語るときには常に男性に確認していた。これは女性が子どもに語るものとされている民話（昔話）とは対照的だ。

出自伝説の異同をたどっていくと、オスマン朝時代に入ってきた新参のアウラード・ジュンディーを、ジバーリ部族の系図にとりこむための操作が浮かびあがってきた。つまり現在の最有力支族であるアウラード・ジュンディーを中心として部族全体を再編成するために、聖者シェイフ・アウワードに象徴的な機能を持たせたのだ。

ジバーリ部族最大の聖者シェイフ・アウワードは、部族集団の再編成と統合にかかわっていた。南シナイ全体でも同様のメカニズムが作動していたのではないだろうか？

そこで南シナイの聖者と聖者祭における諸部族のかかわりを含めた相関図をつくってみた。これを聖カトリーヌ修道院、ジバーリ部族、ほかの諸部族との三者の関係の場にもどし、ジバーリ部族の相対的ステータスの視点から相関図をかきなおしてみた。すると、聖者が三者間関係の統合と再編成にかかわっていることが見えてきた。聖者が集団の統合機能の役割をはたしていることは従来の研究でも指摘されていたが、地域の再編成と統合につながる役割もあるという実例が示されたのは、これが初めてだろう。

謎のことばダヒール

聖者に関する従来の研究では、聖者祭や各聖者の社会的役割（文化人類学）、村や都市を統合して国家的紐帯となる聖者（歴史学）、スーフィー教団の始祖としての聖者（宗教学）などがとりあげられてきたが、どのアプローチにしても聖者に対する民衆の崇敬が地域を越えた集団統合の機能を果たすようになったメカニズムについては説明できずにいた。

南シナイの場合は、諸部族の生活空間が狭くて重なりあうことが多く、その調整機能をになう存在が必要だったという地勢的な理由もあったのだろうが、聖者が集団間関係の象徴として機能している。このような機能は、個々の集団を統合する役割の延長だろう。では、どうしてそのような延長が可能なのだろうか？

聖者をめぐる集団意識の起源までさかのぼり、個々の人間の認識の場からそれを説明できなければ、南シナイの事例は単なる特例ということになってしまうだろう。この問題の突破口となったのは、またしてもカリーマの一言だった。

例のシャイロック民話にはわけのわからない単語もあった。それらをカリーマに説明してもらいながら、訳をつけていたときのことだ。「主人公が結婚相手を探してある村に入った」というアラビア語の文章を読んでいたのだが、特に不明な箇所もなかったので次の文章に進もうとした。するとカリーマが「このダハラはダヒールのことね」と言う。ダヒールというジバーリアアラビア語の意味を説明してもらったのだが、よくわからなかった。フィールドノートを見ると、基礎語彙調査表を使った調査のさいにもこの単語を拾っているが、「よそ者？　客人？」とコメントしてあるだけだ。こういった民俗語彙の意味を確定することはむずかしい。

だがこの物語では、主人公と村人との関係をあらわすことばとしてのダヒールには重要な意味があり、物語のテーマを読み解くためのキーワードになるだろうという確かな予感があった。一人でこの物語を読んでいたのでは、ダヒールという単語にであうことはなかっただろう。民話テキストにはさまざまな文例が出現するので言語調査の文法分析には有用なのだが、民話を語り伝えている人たちが理解しているように読みこんでいくのは至難の業だ。

民話なり昔話を採録するさいは、いつどこで誰から聞きとったかという基礎データを記録する。さらに、誰からその民話を聞いたかとか、その民話のテーマについて話してもらってもいい。とにかくその民話にかかわる情報をできるだけ多く集める。そして言語学者であっても民話学者であってもその民話に注釈をつけ、母語に訳しながら民話テキストを読んでいく。その時点で当該言語による民話テキスト本文と翻訳文に簡単な注釈をつけたものに、アールネとトンプソンの話型分類（AT分類）、スティス・トンプソンのモティーフ索引などを付加し、世界中の研究者が共有できる資料として公表するのが理想的だ。

シャイロック民話にはシェイクスピアの『ヴェニスの商人』と同じモティーフが含まれていたこともあり、AT番号やモティーフ索引を付加した形で英語論文として発表した。その後で当該の民話テキストをどのように分析していくかは、研究者の関心領域次第だろう。文法事項に注目して当該言語の解明に役立てる、類話と比較する、当該社会に伝承されているほかの民話を収集するなど、さまざまな方法がある。

だがひとつの民話を解読するには、異なった物語との表面的な類似点を指摘したり独特な民俗語彙を説明したりするぐらいでは不十分だ。どうして異なった文化圏で同じような物語が生まれたのか、それらの物語の構造はどうなっているのか。その物語構造は当該の民俗社会においてどのような意味があるのか、さらにそのような意味づけを生み出した認知レベルでの特質とはどのようなものかを分析しなければ、表面的理解にとどまってしまう。

だがどうやれば、当該社会の人たちがいだいている文化的認識の深層部まで降りていけるのだろうか。従来の民話分析についてのアプローチを整理してみよう。

（1）言語学的・文献学的アプローチ
（2）民族誌的・民俗社会内的アプローチ
（3）歴史学的アプローチ
（4）文学的アプローチ
（5）民話学的アプローチ
（6）意味論的・記号論的アプローチ
（7）心理学的・精神分析学的アプローチ
（8）文化認識的アプローチ

（1）の言語学的・文献学的アプローチでは、民話テキストに出てくる単語や文の意味について言語学・文献学の知識を使って明らかにしていく。このアプローチがあらゆる研究の予備作業となる。（2）は民話内で語られるモノやコトについて当該社会の民俗知識と照らしあわせる。（3）は、実際の事件や歴史的事実との関連に着目し、(4)は物語の主題や論理などを議論、(5)は民話の話型やモティーフをめぐる歴史地理学的分析や、物語の形態に対して形式的な分析をこころみる。

以上、(1)～(5)のアプローチでは、民話テキストの各部分の意味や表層的な意味に焦点をあてるが、(6)以下ではより総合的で深層的な意味が問題となる。今回は、シャイロック民話の背景を解説することから始め(2)、民話が語る世界を分析して表面からは見えなかった深層的な構造を抽出(6)、その分析結果を検証し(8)、この民話を普遍的なコンテキストでとらえなおすことにした。

「大事な話だからね」

最初にこの民話を聞きとったときには、シェイクスピアと同じモティーフがあることに驚いただけだった。だが、ジバーリ部族の人たちが出自伝説と同じくらいこの民話を大切に伝承していることがわかってきた。最初に「大事な話だからね」と念をおされたし、説明を求められたカリーマにしても、その都度、マブスータやソブヒー氏に確認をとっていた。そしてジバーリ部族のだれもが「ああ、あの話か」というぐあいによく知っている民話だったのだ。

族長のところに行ったときに、「昔話と言えば、これは知ってるよな」と最初に言われたのもこの民話だった。やがて彼らの歴史がわかるにつれて、この話は彼ら自身の存在の核心部分と深くかかわっているのではないかと思うようになった。

最初に聞いたときの驚き、なぜシェイクスピアと同じモティーフがシナイ半島の民話にあるのかという素朴な疑問、そして、この民話の重要性への直観を信じてかかわっていかなければ、その後の大きな展開はなかっただろう。フィールドでの新鮮な驚きとそれにともなう素朴な「なぜ」の気持ちを大切にして内面化していくことこそが、フィールド調査の醍醐味なのだと思う。

ただその「なぜ」だけを追いかけても答えは見つからない。わたしのやり方は、研究対象をまわりからとり囲んでいくというものだ。一見すると遠回りに見えるかもしれないが、この作業からは当初は関係ないように見えていたふたつの事象をつなげる鍵が見つかるだろう。そして最初の素朴な「なぜ」はさらに大きな「なぜ」へとつながり、問題を解くヒントが現れてくるだろう。

民話「りっぱな…」では、ダヒールという民俗概念の発見が鍵となった。ダヒールということばは不思議な単語だ。このことばには、ジバーリ部族を含めたアラブ遊牧民、さらにはアラブ文化を基層とするイスラームにおける他者観を解くためのキーワードになる可能性があった。同時にこのようなアラビア語の存在は、アラブ・イスラーム文化を見誤る要因ともなる。これは、言語から文化を分析するのが一筋縄ではいかないことを示す好例だろう。

ダヒールという単語をアラビア語辞書で引いてみよう。「内部の、体中の、心の、外の、外国の」といったようにどの辞書でも「内部」にかかわる意味と「外部」にかかわる意味をもっている。現代アラビア語や古典アラビア語の辞書には、ダヒールのように同時に反対の意味を持つ単語が少なくない。古典アラブ文法学者は、このカテゴリーの単語をアッダードとよんでいる。

こういった不思議な単語の存在は、アラビア語の他言語に対する優位性を示す証拠として利用された。このような発想は、自分たちの言語はほかの言語より優れていると考える素朴な言語観に加え、アラビア語がコーランのことばであるという事実からくる言語観、つまり人智をこえて理解不能なものにこそ神知があるとする考え方から発生する思考様式だろう。

だが現代言語学の立場は違う。アラブ文法学がアッダードと呼ぶような現象は、ほかの言語でも自然な意味変化として観察されるし、そのような変化が起きるメカニズムについても説明できる。また、アラビア語の単語について言うならば、長い歴史の間に使われてきた種々の意味が辞書に付加されていき、広大なことばの海ができあがった。レトリックをきかせた文章を書いたり、単語の意味に重層的な陰影をもたせた詩をつくったりするさいには、この広大なことばの海から適切な一語を選びだすことが、文人の腕の見せどころだった。

一度形成された神話が、簡単にその効力を失うことはない。だが、ことばこそが、文化だとかそのことばを話す人たちの思考様式を規定する枠になっていると短絡的に考える人たちが、このような神話にとびつくこともある。

和辻哲郎の『風土』

ここで和辻哲郎の『風土』に言及するのはいささか場違いだろうが、文化類型論の名著として読み継がれているからこそあえてふれておきたい。

和辻は、イスラームは沙漠的価値観から生まれた宗教であるとする西洋伝統の考えを墨守し、沙漠という風土から「服従的、戦闘的の二重の性格」をもった「沙漠的人間」が形成されたと説いた。だが、彼がいう「沙漠的人間」とは、日本が近代化すなわち西洋化する過程で西洋から無批判に仕入れた「まなざし」のベクトルを逆転させたパロディーにすぎない。この「まなざし」は、西洋のイスラーム観つまり聖書世界に淵源をもつ都市定住民がイメージする沙漠のおそろしい存在という幻想による対比が前提となっている。そしてその「まなざし」の先にあるものは、ヨーロッパ的近代によって啓蒙し支配し導いてやるべき無辜なるアラブという存在だった。

ここで注目すべきは、人間精神の深みに思いをめぐらせた和辻でさえ逃れられなかった「まなざし」のおそるべき生命力だ。アラビアンナイトの中には、西洋が見た中東世界が内在化されていた。同じように、日本が中東を見るイメージの中には、西洋的まなざしが内在化されている。

『アラブ的思考様式』（牧野信也）という本がある。牧野先生はブハーリーによるハディース集（預言者の言行録）の全訳という偉業を残されたイスラーム学者であり、井筒俊彦先生の高弟としてドイツ流の意味論的哲学を修めた言語学者でもあった。同書は、わたしの学生時代に出版されたが、その中で和辻の「沙漠的人間」観と先に述べたアッダードが結合するかたちで、いかにアラブ人が両極端の思考をする人間であるかという議論が展開されている。この本に今でも価値があるとすればば、それは、言語的認識と文化的認識が安易に結びつけられてしまうことの好例であるという点にしかない。

言語と文化を安易に結びつける例は枚挙にいとまがない。特に、日本語と日本文化を議論するさいには素朴な言語観に拠りながら、日本文化論の補完的証拠として日本語の特徴が列挙される。だが、こういった言語文化論では、（1）言語と文化を結びつけるメカニズム、（2）人間のより広い認知システムとの関連、（3）個々の人間の思考様式と集団的共有物として存在する言語や文化との関係のすべてが不明のままだ。これらを考慮しない言語文化論は、当該言語の特殊性と対応する当該文化の特殊性を相互に証明しあうことしかできない。

ではどうすれば（1）〜（3）の難題をクリアして言語と文化の関係を記述できるのだろうか。だがその前にダヒールの件についてもう少し記しておこう。フィールドであったこの謎こそが、自分なりの言語文化論の扉を開くための鍵となったからだ。

ダヒールをめぐって世界中がおおさわぎしたことがある。世界同時多発テロに刺激されたアメリカは二〇〇三年三月二十日イラク侵攻を開始した。イラク正規軍は壊滅状態となり、サッダーム・フセインは故郷のティクリートに潜伏した。報奨金をつけた必死の捜索にもかかわらず、身柄が拘束されるまでには相当の時間がかかった。当時、日本の中東研究者やマスコミはまったく指摘していなかったが、アラブ系メディアのアルジャジーラはこのときの事情を明確に分析していた。アルジャジーラの記事では、「フセインはダヒールである」と明言していた。

ダヒールとは、庇護を求める外来者（よそ者）のことだ。ホスト役の主人は保護の対象となったよそ者を守らなくてはならない。ただしダヒールとなった者は、ハリームにいる者として主人に従う義務が生じる。南シナイではテントの綱を握ればダヒールとなる。テントの主人は最低でも三日のあいだはダヒールの滞在を許して保護しなければならない。ダヒールがテントを離れた場合、三分の一日のあいだは主人の保護義務が続くとされる。

ダヒールの原義は「内なる他者」とでも形容できるものだ。このようなダヒール制度は、生活空間に明白な境界を引かない移動文化がはぐくんだ集団意識の反映だろう。片倉もとこ先生は、アラビア半島でのベドウィン調査などから移動文化という考え方を生み出し、彼らの対人関係における緩衝地帯を表す造語として「ゆとろぎ」（ゆとり＋くつろぎ）の概念を発案した。この「ゆとろぎ」という考え方は、ダヒール制度と通じるものだろう。

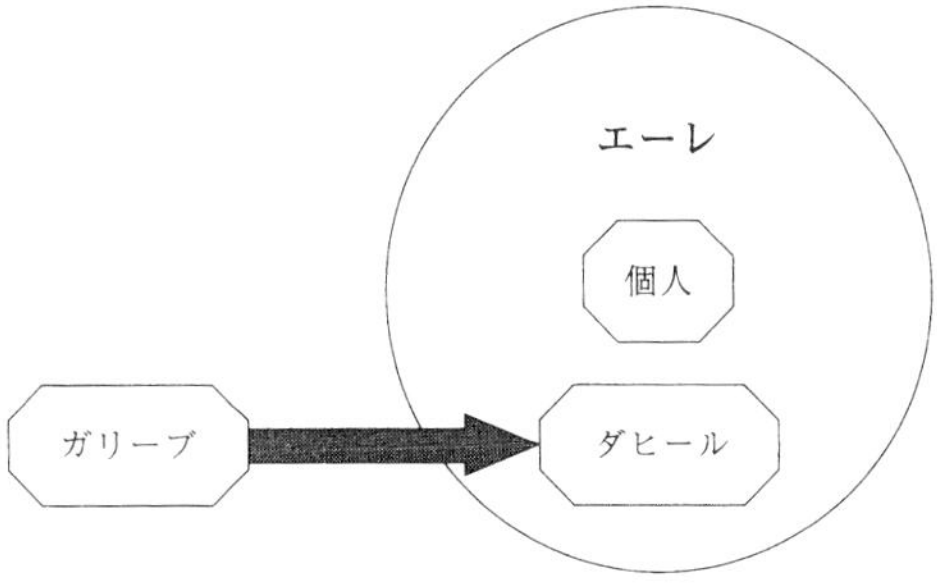

図10　ジバーリ部族における個人と他者の人間関係

人間関係の緩衝地帯として中間に位置するダヒールという民俗概念の発見は、部族という集団関係の緩衝地帯として中間に位置する聖者を連想させるものであると同時に、言語的な認識空間と文化的な認識空間をつなげるためのキー概念となる可能性をもっていた。

ベドウィンというアラビア語が「(自然に) さらけ出す」という動詞から派生したということは先述した。沙漠に自らをさらけ出した人びとが生活空間や対人関係に設定した緩衝地帯は、自然

写真38　南シナイの山奥の村でカシーデを楽しむ人たち。（1992年1月撮影）

の厳しさから自らを守るためのものであり、和辻が規定した「沙漠的人間」が持つ両極端な価値観から発生したものではない。

「沙漠的人間」についてもう一言だけつけ加えるならば、このような文化類型から一神教としてのイスラームが生まれたという俗説は根拠に乏しい。彼らの生存戦略は、常に唯一無二の存在に従うといった単純なものではないからだ。沙漠で遊牧を維持していくには、水場や草地についての最新の情報を把握していなければならず、しかも臨機応変に多様な生活術を駆使する必要がある。

ベドウィンの情報収集力

したがって彼らは情報戦略にたけている。あるとき、かなり山奥の村に入り、一団の人びとが話しあいをしている場面に遭遇した。一人がカシーデ（長詩）を歌ってやるというので、早速録音の用意をする。アラブは詩の文化だといわれるが、この時のカシーデには驚いた。

声も調子も申し分なく、一節おわるたびに「おー」とか「やー」と合いの手が入る。何より聞いていて楽しい。詩とはしっとりと聞くものだと思っていたが、そうとばかりも限らないらしい。選挙が近かったせいかもしれないが、かなり政治がかった内容だった。カシーデという古典形式の詩の伝統が現在進行形で機能していることにも感心した。

遊牧民は移動しながら暮らすので、あまりものを持たないと思うかもしれない。たしかに定住民よりは、はるかに少ないだろう。また都市民と違って新しいものには関心がなく、古い民具や道具を使った伝統的な生活をしていると想像してしまう。だが彼らの物質文化は、合理的かつ実利的だ。十年以上もつきあっていると、少しずつ新しいものが入ってくるのがわかる。

テントを見つけたのであいさつに行き、例のごとくお茶をごちそうになりながらふと見ると、コップがやたらに綺麗だ。ちょっと前まではどこへ行っても、気泡混じりのこわれやすいガラスのコップだった。お茶を飲みほして裏を見るとデュラレックスと書いてある。フランス製の業務用食器ブランドだ。とにかく丈夫でちょっとしたことではこわれない。お茶をごちそうになるたびに観察していると、あっという間にこのコップが南シナイじゅうに広がっていた。

ベドウィンがいかに情報に通じているかについて、もうひとつ例をあげておこう。湾岸戦争が始まる直前だった。カイロを離れる前に日本大使館に寄り、トゥールでの連絡先を伝えて戦争が始まりそうになったら連絡してくれるように懇意にしていた大使館員にお願いしておいた。

当初は、わたしを含めて五人のメンバーが平々凡々としたルーティン調査をしていた。ある日、ソブヒー氏がすぐに来いと言う。あわてて行ってみるとあと数日で攻撃が始まるから、お前たちはカイロに戻って日本に帰れと言う。まだ数週間くらいかかるのでは？ とき返すと、真顔になって、おれたちはいろんな部族から情報を得ているし、国境をこえてアラビア半島や湾岸地域と日常的にコンタクトをとっている同部族の仲間もいる、彼らからの情報だからまちがいないと自信たっぷりだ。あわてて大使館に連絡してみたが、まだそこまで緊迫していないとのこと。だがわたしとしてはチームで来ている以上、ソブヒー情報を信用してカイロに引きあげることにした。

ソブヒー情報は正しかった。数日後に湾岸戦争が始まったからだ。各航空会社のフライトが週一便にまで減った。とりあえずわたし以外はヨーロッパに出ることにして、わたしだけがカイロに残ったのだが、湾岸諸国やヨルダンから日本人がカイロに逃げてくるのには驚いた。カイロの方がまだ安全とふんだのだろう。おかげで旧友と再会できたが、カイロに来れば安全だろうという日本人の危機管理意識は甘いと思う。湾岸戦争に乗じてエジプトとイスラエルの間が緊迫する可能性は充分にあったからだ。

イスラームの都市的性格が明らかになるにつれ、少なくとも研究者の間では「沙漠の宗教」というイメージは過去のものになりつつある。沙漠の民が情報戦略にたけた人びとであることと、イスラームの創始者預言者ムハンマドが商人であったこととは無関係ではないだろう。

ジバーリアラビア語の歴史

しかしながらベドウィンに関する研究、とりわけ彼らの信仰世界や宗教実践に関する研究はほとんどなされていない。ムハンマド時代に多神教的信仰世界が一神教へと大変革した背景には、さまざまな歴史的、社会的要因があったのだろうが、イスラーム文化の基盤となった沙漠の民の文化が何らかの形で影響を与えていると思われる。

集団を形成し、維持し、さらには再編成することで他者（集団）を包摂あるいは排除していく彼らのメカニズム、一言で言えば彼らの他者観がアラブ文化ひいてはイスラーム文化の基盤にあるという思いが強くなっていった。そしてそのようなメカニズム（他者観）をイスラーム研究という閉じた学問領域の問題としてではなく、より普遍的な人間の認知システムを考慮しながら言語と文化の新たな関係性に迫る問題としてとらえたいと思うようになっていた。

言語学の知見を援用しながら、ジバーリアラビア語の特殊性を説明する作業はそれほどむずかしくはなかった。南シナイで暮らすようになったころはラテン語系のことばを話していたようだが、比較的短期間でアラビア語化したと思われる。

最初は文法が単純化され語彙も極端に少ないピジン的なアラビア語による片言表現で、周辺のアラブ系住民とコミュニケーションをとっていたはずだ。やがてそのピジン的アラビア語が子どもたちの母語になると、自然言語としての十全な機能を獲得するクレオール化とよばれる新たな言語変化がおこる。クレオール化した言語は基となった言語の違いにかかわらず相互によく似た文法を持っている。クレオール・アラビア語は、ほかのアラビア語と接触する中で脱クレオール化していくのだが、この過程で同化または異化することがある。周辺のアラビア語方言への同化現象はわかりやすいかもしれないが、異化現象には説明が必要だろう。

カイロのユダヤ人方言を研究していたとき、自然な言語変化としては説明できない現象があり、これは自分たちのユダヤ性をアラビア語の中で維持するためと考えられた。かつてのバグダッドでは、このような異化現象の結果としてユダヤ教徒方言／キリスト教徒方言／ムスリム方言がそれぞれの集団的アイデンティティーを表出するための言語的属性として機能していた。

エジプトの女性語についても興味深い現象がある。従来の社会言語学では、十代後半になると当該言語内の威信的な社会方言に対して女性のことばが同化していくという説が有力だった。ところがアラビア語についてはそのような現象がなく、これはアラブ・イスラーム社会の女性に対する社会的隔離が原因だと言われていた。しかしこの結論は、いわゆるフスハーを威信言語とみなしていたためだった。カイロの若い女性のことばを観察してみると、母親らのことばと異化する一方、おもに都市部中流層で使われている中間アラビア語と同化していたことがわかった。

ジバーリアアラビア語もほかの諸部族との関係の中で、自分たちの集団的アイデンティティーの指標として言語的異化を経験したようだ。異化による変化は必ずしも新しい変化につながるわけではない。周辺方言に新しい変化があっても、従来の形を保持することで他方言と異化することができるからだ。したがってほかの諸方言から消滅した古形がジバーリアアラビア語に残っている場合もあり、それを利用して古いアラビア語方言を再構することもできる。この作業を通じて、古代アラビア語を再構するうえで重要になる北西アラビア半島方言群の存在が明らかになった。

ジバーリアラビア語に特殊な空間表現があるのは、以上のような理由によるものと思われる。また、認知言語学の最新の考え方を援用すれば、身体性や空間的認知からメタファーなどのレトリック操作によって人間分類などの表現に空間的認知が関与していることの説明もつく。つまりジバーリアラビア語の空間の三分割とダヒール制度によって明らかになった人間関係の三分割との相似性は、認知言語学的メカニズムとして説明可能なのだ。

だがそこから先が問題となった。言語学や言語人類学による方法論や知見を援用して集団関係における聖者の存在を解明し、物語の社会的機能にからめながらジバーリ部族社会における集団的他者観（異人観）を提出するための理論的枠を開拓しなければならなかった。

フィールドワークで感じた疑問を解くための方法論や理論的枠は最初から用意されているわけではない。手元にある知見や学問的理解を援用して解決したとしても、次々と解けない謎が現れる。フィールドワークとはそういうものだ。

謎を解くためには、理論的試行を重ねてもとの理論的枠を調整したり新たに構築したりすることが必要になる。この繰り返しの中でしかフィールドワークでの新たな発見は起こりえないし、理論的展開も起こりえない。

ある理論的枠をもっている観察者には見えない現象が、その理論的枠を一瞬でも外して現地の人たちの視線にあわせることで少しずつ見えるようになる。こうやって見えてきたものを今度は自分の視点から見直してみると、自分の視点としての理論的枠が広がることになるだろう。

フィールド調査を基盤とする学問には、どのような名著であろうとも思考の残滓でしかない二次的言説の世界にとどまる研究とはまったく異なる方向がある。次章ではそのような学問の方向について記してみたい。

第六章　言語と文化はどうかかわるのか？——新しい視点を求めて

フィールドであった美味

味覚は保守的だ。子どものころからの味の嗜好は大人になってもたやすくは変わらない。だが、フィールド調査を通じて忘れられない美味にであうこともあった。

四国で育ったこともあり、納豆のような発酵食品にはいまいちなじめなかった。だが、ベドウィンのテントでごちそうになった発酵バターの味は格別だった。沙漠の中のテントを見つけて車から降り、あいさつに行くと例によってお茶をいれてくれた。ちょうど昼どきだからいっしょに食べていけと言う。テントのすぐ横では、女性が三角形に組んだ木の棒に家畜の胃で作った皮袋をかけて揺らしている。中にはしぼりたてのヤギの乳が入っており、発酵バターを造っているのだという。

目の前のアルミの皿にパンと細長くカットされた白いかたまりが置かれると、さあ、めしあがれと主人の声。一同、その白いものをパンにはさんでほおばっている。意を決しておそるおそる口に入れてみた。なんと、こんなおいしい乳製品は食べたことがない。味をことばで表現するのはむずかしいが、清廉な味とでも表現できるだろうか。沙漠という厳しい自然がもたらした滋養のエッセンスがつまっている感じだった。

写真39　ナツメヤシを採集しているソブヒー氏。ナツメヤシの繊維で編んだトーバルとよばれる腰当を使って高いところまで器用に登っていく。（2002年12月撮影）

ナツメヤシも忘れてはいけない。ナツメヤシは完全食品に近く、昔の旅人はナツメヤシを保存食として常備していたそうだ。実を食すだけでなく、葉は屋根材や日用品となり、油分の多い幹は燃料ともなる。故郷自慢のたねでもある。誰もが自分の育った地のナツメヤシが一番うまいと言う。ナツメヤシで作ったジャムもある。マブスータが作ってくれたジャムは逸品だった。おいしいというだけではなく、日本を思いださせるような味だった。後で知ったのだが、日本（特に関西）は最大のナツメヤシ輸入国らしい。お好み焼きソースのベースはナツメヤシなのだ。

最後にもうひとつ、リッベとよばれるパンのことも書いておこう。リッベの焼き方はマブスータが教えてくれた。普通のパンを焼くときのように小麦粉と水と塩をこねる。普通のパンだったら、火で熱した鍋裏に薄くのばした生地を広げて焼く。リッベの場合は熱した四角い鉄板上に生地を広げる。火を消したあとにその鉄板を置き、生地の上から熱い灰で覆ってしまう。しばらく待ってから灰をはたき落とし、食べやすい大きさにちぎって皿に盛る。塩味がきいていてパンというより餅のような食感だ。リッベには宗教的な意味あいがあり、金曜日にしか焼かない。かつてはハールーン（旧約聖書のアーロン）を崇敬する儀礼用に焼いていたそうだ。

灰でパンを焼く方法は最も古い焼き方らしく、現在では南シナイにしか残っていないのだが、これを知ったのは帰国後のことだった。民博の元館長で食文化の研究者としても有名な石毛直道先生からパンの研究者を紹介された。その人から、南シナイに残っているという最古のパン焼き法の情報を求められた。リッべらしきパンについては、旅行者の古い記録や最近の民族誌的記述の中にも言及があるが、パンの焼き方として最古の形を伝えるものだとは知らなかった。パンと人間の関係の歴史の中でリッベをとらえる視点は、共同研究者や第三者との協働がなければ生じなかった。

調査者がフィールドでであう現象には、一回性と一過性という特徴がある。現在の南シナイでは朝や夕刻になると女性や子どもがヤギなどに草をはませている。これだけを見れば、こういった家内分業による暮らしがずっと続いてきたと思うもしれない。だが少し前の民族誌や十九世紀の記録などを確認すると、このような光景は南シナイで観光業や政府関係の仕事が盛んになって以後のものだとわかる。男たちが現金収入を求めてそのような働き口に殺到し、残された女性や子どもたちが男の作業を担うようになったからだ。

一回性あるいは一過性の現象をつなぎあわせて大きな現象の中にくみこんでいくには、何らかの理論枠の中で個々の現象を体系化していかなければならない。手さぐりで迷路を抜けるとさらに大きな迷路の中にいることに気づき、再び手さぐりで出口を求めるようなものだ。だが手さぐりで進むにしても、道しるべのようなものが必要になる。それを理論と呼んでもいいし、分析モデルと呼んでもいいだろう。

フィールドワークを始めたころから、言語と文化の境界というものが気になるようになった。当時所属していたAA研では、言語と文化を研究対象とするのか、言語文化学という新領域を設定するのかということをめぐって熱心な議論がかわされていた。個人的には言語文化学という発想にずっと惹きつけられているのだが、当時の議論が急速に熱気を失っていったのには大きくふたつの理由があったと思う。ひとつは地域を対象とする研究の流れであり、もうひとつは人類学的手法による言語研究の流れにかかわるものだ。

まず、イスラーム世界あるいは中東地域にかかわる学際的な研究から現在の地域研究にいたる流れについてみてみよう。当時、AA研では各分野に散らばっていた研究者たちのネットワーク化を目標としていた。学際的共同研究とフィールドワークを基本理念とした「イスラム化プロジェクト」は、地域研究のパイオニアとなったものだった。

わたしがAA研に入ったときにはこのプロジェクトは終了しており、その成果である『イスラム世界の人びと』のシリーズが刊行中だった。このシリーズは、現地主義によって等身大の人びとの生活や社会、その考え方を描き出そうとする野心的なものだった。わたしも含めて当時の若手研究者はこの等身大ということばに強く惹きつけられた。

民博でアラビアンナイトの共同研究会を組織したとき、イスラム化プロジェクトに参加していた三木亘先生に加わっていただき、当時の様子をうかがったことがある。同プロジェクトには、民俗学者の宮本常一が顧問的存在として当初から参加していたそうだ。宮本常一といえば、とにかく現場を歩き続けた人として知られている。三木先生によればイスラム化プロジェクトが成功裏に終わったとすれば、それは徹底して現場にこだわった宮本常一個人の学問的態度に啓発された部分が大きいという。ＡＡ研で組織されたイスラム化プロジェクトには、現場主義に基づく土臭いリアリズムが横溢していた。

歴史学とイスラーム研究

言語と文化の研究について言えば、同プロジェクトが残した最大の貢献は、現地語を通した現地の研究を研究者に浸透させたことだ。研究者のネットワーク化をすすめ、現地主義を徹底させて次世代の若手研究者を育てたという意味で、このプロジェクトの意義は大きかった。だが言語研究という面では、必ずしも現地語それもさまざまな方言レベルの研究者を増やすということにはならず、現地調査のツールとしての現地語に力点が置かれていた。

イスラーム世界の人びとの言語と文化の研究が、言語文化学という学問的展開につながらなかったことには、主流となった学問領域における分析対象へのアプローチの問題がある。まず、その後のイスラーム世界の動向に応じて、歴史学をはじめとする文献重視の学問的成果が求められたことだ。

「イスラム化プロジェクト」の後を継ぐかたちで実施された「イスラムの都市性」という重点領域研究や現在も進行中の「イスラーム地域研究」においては、歴史学が研究を推進する役目をになってきた。イスラーム世界には漢籍にまさるともおとらない量の歴史資料があり、欧米でも歴史学がイスラーム研究を牽引してきた。さらに日本の場合、イスラーム世界に関する地域研究で歴史学が中心となってきたことには制度上の理由もある。歴史学では常に研究者が再生産されるしくみが確保されているからだ。これは、日本中東学会に所属する研究者の分布や学会発表での割合を見てもわかる。

だが等身大の人びとを描くという意味では、歴史学の記述法には大きな不備がある。たとえば、敵対していたA将軍とB将軍が交戦後に盟友となったという歴史記事について考えてみよう。歴史学者は、歴史書や文書記録を参照して異同や傍証を勘案し、できるだけ客観的に記述しようとするだろう。交戦したという事実と盟友となったという事実はそうやって確立される。

だが両方の事実をつなげる理由については、両将軍が肝胆相照らして双方に信を得たという解釈もあれば、両者をとりまく全体状況に理由を求めることもできるし、さらには世界的な動きを視野に入れた答えもあり得る。歴史家の立場によっては、神の意志だとか人智をこえたもののせいにするかもしれない。

歴史に法則があるかどうかという不可知に近い問題はとりあえずおくとして、マルクスは資本主義という経済システムに法則を見ようとし、ウォーラーステインは世界システム論というものを考えだした。こういったマクロな視点からではなく、個々の人間の内面まで記述しようとするミクロな視点もありうる。だがそのような視点は歴史小説に近くなる。

どちらも弘法大師空海を描いた『空海の風景』（司馬遼太郎）と『曼荼羅の人』（陳舜臣）を比べてみよう。『空海の風景』は、彼の足跡や事績を淡々とドキュメンタリー風に描きだしていく。『曼荼羅の人』は、空海の視点に立って彼と同時代の世界を見るように描いている。推理小説家として出発した陳舜臣は、各人の心の動き、つまり動機を求めてやまない。一方、司馬は徹底的に関連資料を読みあさり、可能な限り史実を確定したうえで人間の動きをはめこんでいく。

ひとつひとつの駒に個性がある将棋と白黒の石しかない囲碁の世界観を想定すれば、『曼荼羅の人』は将棋、『空海の風景』は囲碁に似ているかもしれない。筆力のない小説家が両人の手法をとりちがえると陳腐な歴史小説ができてしまう。

歴史家（歴史学者）と歴史小説家は違うが、書き手の人間観や世界観が歴史叙述にとどまり続けるという意味では同じであり、それこそが歴史記述の真骨頂だとも言える。しかしながら史実の確定の前には個々の文化に裏打ちされた人間描写は不要であり、要求される条件ではない。

だが、歴史記述の基本に文化認識を置き、当該の歴史的時空間における心性（歴史的心性）を描こうとした一群の歴史研究者があった。アナール学派とよばれる人たちだ。教会文書や個人の日記といった膨大な資料の分析を通じて、市井の人の人間観や世界観を浮かびあがらせようとする。社会という集団に埋没した個々の人間に光をあて、集団的心性としての社会の歴史を描いていこうとするものだ。

だが歴史的心性とは何だろう。歴史の法則に代わるものだろうか。そうではないだろう。個々の人間の日常における事実、一回性であり一過性にしかすぎない事実をつみあげることによってしか見えてこないものと説明できるだろう。歴史的心性にたどり着こうとする作業は、現代科学がビッグデータの分析を通じて集合的な方向性や偏差を抽出しようとする作業に通じるかもしれない。

だが歴史的心性は、人間存在自体に還元できる普遍性を持った何かをとらえる手段とはなり得ても、その時空間における人間の可能性を探ることができるだけだ。個々の人間の認識から出発して共有化されながら、再度、個人の文化的認識へと還流されていくはずのメカニズムが見えてこない。

なぜ個々の人間は、その時空間に共通とされる歴史的心性を持つようになるのだろう？　その心性は次の時空間における心性とどのようにつながり、その中で個々の人間の文化的認識はどう作用するのだろう？　現代の地域研究は、アナール学派が答え得なかった問題にむきあうことなく地域性をひたすらに探究する。

フェルナン・ブローデルの『地中海』では、歴史的心性が発現するための変項（変化要因、可変条件）のひとつとして、自然環境がモデルに組みこまれている。同書はアナール学派の金字塔であり、地中海地域の時空間における歴史的心性を描いた。地域性とは歴史的心性を平面化したものであるとするならば、現代の地域研究は二極化せざるをえない。

ひとつは「中東地域」の研究であり、もうひとつは中東の「地域研究」だ。中東のかわりにイスラームを冠しても問題の本質は変わらない。前者は限りなく学際的になっていくだろうし、後者は特定の地域の特性つまり地域性を析出するために地域間比較やその類型化など従来の方法論を駆使するだろう。

和辻がみた能と浄瑠璃

和辻哲郎は、室町時代に世阿弥によって完成された能と、江戸時代に近松門左衛門によって完成された人形浄瑠璃という異なる芸能について興味深い考察を残した。

彼によれば、能は人間的な動きを追及した結果として人間普遍のものを獲得し、人形浄瑠璃は無機質な物体である人形が人間的な動きを模倣した結果として情の世界を結晶化させた。つまり能は人間の人形化であり、人形浄瑠璃は人形の人間化なのだ。両者は鏡像関係にある人間観の代償行為といえる。

和辻が直観した能の普遍性と人形浄瑠璃の特殊性をつなぐ結節点には何があるのだろう。それは人間的普遍と文化的特殊を同じ位相の中でとらえる人間論であり文化論だろう。等身大の人間を描くことが地域研究にも求められるのだとすれば、文化あるいは他者をどう記述するのかという古くからの難問と対峙せざるを得ない。この問題は、言語文化学への関心が急速に衰えていった第二の理由とも通底している。

現在、人類学的な手法による言語研究は主流からはずれた位置にある。もちろん現在でもフィールド調査をする言語学者の中には、文化的事象の記述に関心を持つ者も多い。文化人類学者や地域研究者の中にも、言語と社会、言語と国家やナショナリズムの関係に少なからぬ関心をいだく者もいる。だがその多くは言語とは、社会や集団における権力関係や共同意識の発現のための道具的な存在であるとみなしており、当該社会における人間と言語の関係、共同体が共有する文化的なものとの関係性に注目することはほとんどない。

言語学においては、認知言語学の流行によって言語の果たす役割に最大限の関心が寄せられており、認知あるいは認識が発話者の思考様式にどのように影響するかについての議論が盛んになってきた。しかしながら、個々の人間の思考様式、共同体が持つ言語、文化的認識などの相互関係については関心の外にあり、問題としてとらえられていないのが現状だ。

言語学の現状を考えるために、少し時間をさかのぼってみよう。言語とは情報を伝達する手段（伝達機能）であると明言したのはイギリスの言語哲学者ジョン・ロックだった。やはりイギリスの文化人類学者ブロニスラフ・マリノフスキーは、言語の持つもうひとつの機能に注目した。つまり言語には人との関係をつなぐという役目（交感機能）もある。

だが言語は情報伝達がさほど得意ではない。しかも人はうそをつく。したがって伝達される言語情報の内容は真理なのか、信用できるのか、情報のソースは伝聞なのか、実見したものかなどの付加情報が必要になる。つまり伝達機能と交感機能のどちらを重視するかで立論が異なってくる。

アメリカでは、先住民（いわゆるアメリカ・インディアン）の言語研究の現場から、構造（主義）言語学としてエドワード・サピアとレナード・ブルームフィールドによる『言語』という同名のタイトルながらまったく方向性の異なる著作がうまれた。

ブルームフィールドは、分析者による恣意性を極力排除するアプローチをとり、構造（主義）とは発見手順にすぎないという立場を貫いている。サピアは、言語と心理的存在についてナイーブなまでの信頼を寄せており、音素というキー概念についても心理的な実体があるシステムとみなす。このような見方は、言語と文化の関係を研究する文化人類学にとってはなじみやすかっただろう。サピアとベンジャミン・リー・ウォーフの名をとってサピア・ウォーフの仮説とよばれる言語相対説は、言語が文化的認識に影響を与えるというものであり、言語学と文化人類学の蜜月時代を象徴している。だが第二次大戦が終わって世情がおちついてきたころ、一転して革命的な書が出版された。チョムスキーの『統語構造』だ。

チョムスキー以後、言語研究が人間の内在的認知能力に向かうことになると、文化や社会との関係は研究の枠外へとおしやられていった。この意味でチョムスキーの本は、言語学と文化人類学を完全に分かつようなものだった。彼の提唱する普遍文法については脳科学や認知科学による検証を待たないといけないが、今後、言語と文化について考える場合には、チョムスキーが提唱するような言語の演算処理を組みこまないモデルは成り立たないだろう。

『構造人類学』

このような時期に、文化人類学の名著として知られるクロード・レヴィ＝ストロースの『構造人類学』（英語版）が出た。同書では実態としての形式に内在化されている構造をとらえることが目標となっている。彼の構造主義による分析手法によって言語学と協働できる足場が築かれたとすれば、それは聖書の物語分析に始まるナラトロジー（物語論）への貢献だろう。

その金字塔はいうまでもなく『神話論』だ。同書では、一見つながりがないように見える個々の神話が、構造の変換というメカニカルな操作によって神話的普遍の中に描きだされていくのだが、妙技ともいえる鮮やかな分析手順に驚嘆する一方、「だから何なのだ？」というある種の期待外れ感を抱かないわけにはいかなかった。ただ、グローバルな視点から民話を解析すれば人間の普遍性に関する何かが見えるのではないかという予感はした。

構造主義的人類学は、文化記号論や象徴人類学とよばれる領域を開拓していった。記号学は形式と意味の対応を基底に意味の世界にきりこんでいき、各項の連想関係や象徴関係を発見して文化の深層にある象徴的構造を明示することに成功したが、それは静的な存在としての文化とその言語表象へのまなざしであり、個々の人間の思考様式へのまなざしではなかった。このような違和感の延長線上に、いわゆる解釈人類学が登場してきたのではないかと思う。この段階では、文化を書くとはどういうことかということが問題になるのだが、解釈人類学もまた出口のない迷路の中に入ってしまったといえるだろう。

「使用言語によって現実世界の見え方が変わってくる」という言語相対説の起源は、言語に内在する形式とその民族性をめぐるヴィルヘルム・フォン・フンボルトの言説の中にあるようだ。彼は「民族の言語は民族の精神であり、民族の精神は民族の言語である」と明言している。国家と言語、あるいは民族と言語の関係を考えるとき、このような理論は必然的にナショナリズムと結びつく。

大学で工学を学んだウォーフは、言語と人間の思考パターンの関係に深い関心を向けた。これは、心理的あるいは社会的存在としての言語と文化の関係に注目したサピアとは異なった視点だった。言語学史では、両者の視点をまとめてサピア・ウォーフの仮説とよんでいる。言語と文化の連携をめぐってはいろいろな立場があるが、どの立場をとるにしても科学的な意味での実験によってこの仮説を実証するのは非常にむずかしい。

しかしながらこの仮説による諸研究中、フォークタクソノミー（民俗分類）の分野がもたらした知見は現在でもある程度有効だ。文化人類学者ブレント・バーリンおよび言語学者ポール・ケイによる色彩語彙の分布と普遍性の発見についてはいくつかの問題点が指摘されてはいるものの、言語相対説の有効性を示す重要な知見には違いない。フォークタクソノミーの分析手法は、植物や動物分類といった閉じた意味フィールドの語彙については有効だったが、人間の思考パターンの普遍性を解明する手法としては過去のものになったといえるだろう。

一方、一定の条件下では、類型化によるパターン認識が文化に関与していることは事実だろうから、そのような認識と文化の関係をあつかったのが認識人類学だった。アフリカのボディ社会を研究した福井勝義先生の『認識と文化』はその白眉といえる。だが認識人類学は言語の文法構造などには関心を持たなかったため、言語学に何らかのインパクトを与えることはほとんどなかった。

近代言語学の生みの親はフェルディナン・ド・ソシュールだ。彼によってラング（社会制度としての言語体系）とパロール（個々の言語使用者による具体的な言語使用例）という概念が構築されたことにより近代言語学は、生物学者が顕微鏡で対象を観察するかのようにラングをあつかう科学として展開していった。ただ、言語と文化の関係を考えようとする者にとってその代償は大きかった。

科学としての近代言語学成立の要件は、個人の活動から切り離された言語を社会的存在として確定することにある。このため、社会言語学などの例外を除くと、個人の言語がどうして社会化され社会的存在になるかという問題は無視されてきた。

すべての個人語を記述し総合することで当該言語の実体を解明するのは不可能だし、理論言語学の分野でも理想的な言語話者を想定するにとどまっている。したがって言語学には、個人が普遍的能力として持っているはずの認知能力と社会的存在としての言語、その両方に介在して存在するはずの言語による文化的認識の問題をあつかうという視点すら存在しない。

チョムスキーが普遍文法の解明をめざしていたとき、言語学にはもうひとつ大きな潮流があった。

言語類型論だ。世界中の言語にはさまざまなバリエーションがあり、その多様性には圧倒されるが、多様性の背後には普遍的傾向があり、各言語がそれぞれのやり方で普遍性を具現化していることがわかる。言語類型論が発見した言語の普遍性に関する知見はきわめて重要だが、その普遍性がどこから来ているのか、人間の認知能力や心的傾向や文化とどう関係するのかという点に対する理論的無関心のため、言語類型論的研究は失速していった。

現在の言語学の主流のひとつは認知言語学だ。これは言語形式の分析から意味にせまるのではなく、人間の身体性や認知能力を基盤にして形式を持つ意味がどのように構造化されるのかをみていく。だが認知言語学も従来の言語学と同じ位相にあり、言語的実践の中で個人がいかにして文化的認識を発現しているかということについては、理論枠の外にある。したがって認知言語学の研究者は、ときとして理論的妥当性のないままに彼らが発見した認知構造と文化的構造を結びつけてしまう。今後の展開としては、認知言語学の知見と言語類型論による言語普遍性の知見を統合するような理論なり分析へと進んでいくならば、言語と文化と思考様式の関係が見えてくるかもしれない。

墓泥棒の末裔

フィールド調査とは、淡々と事実を観察し記録していく作業だ。問題意識をもってフィールドに向かっても、現場でであう事実は雑多かつ膨大であり、当座の問題意識などふっとんでしまう。だが問題を見すえているうちに、解決法としての理論や分析手法に転機が訪れることがある。わたし

写真40　アラビア語キフト方言を聞きとり調査中の著者（右）と三人のキフティーユーン。（1991年12月撮影）

にとって最初の転機となったのは、上エジプトのキフトという町に暮らす人びとの言語調査だった。

彼らはキフティーユーンとよばれ、エジプトの考古学界でその存在を知らぬものはいない。考古学の父とよばれるサー・フリーダーズ・ペトリーがエジプトで遺跡発掘をはじめたとき、発掘にたけた集団がキフトにいることを知った。彼らは古代の墓をあばいて生計をたてていた。要するに墓泥棒の末裔だ。アラビアンナイトに入っているアラジンの話には、洞窟に入って魔法のランプをとってくる場面があるが、これはキフティーユーンのような墓泥棒が伝えてきた話をもとにしたという説もある。ちなみにエジプトの農村部では村ぐるみでかわった生業をもっていることがあり、キフトの近くには音楽師ばかりの村もあるし、カイロ近郊にはサソリや毒蛇などを飼育している村もある。この村では世界中の関係諸研究所や大学に有毒生物を提供している。

キフトの男たちは農作業などに従事する一方、ペトリーの指導によって近代的な発掘手法を身につけており、発掘作業には欠かせない存在になった。彼らは技術の習得段階に応じて、土砂を運ぶ役から、繊細さを要求される遺物の採取まで、さまざまな作業をこなす。

言語調査を進めるうち、彼らには独特の社会言語があり、発掘技術の習得段階に応じて言語生活が変わっていくことがわかってきた。当時は未記述のキフト方言の全体像を調査するのが主たる目的だったため、熟練度に応じた年齢層ごとの言語を聞きとり、キフト方言では社会層に応じてバリエーションが存在するという記述をまとめた。

文化人類学ではピエール・ブルデューがハビトゥスの概念（「身体化された歴史」）を提唱しており、日常的実践によって社会化されていく個々人の生活空間に焦点をあてた理論が構築されつつあった。そういった考え方と認識人類学が展開してきた言語と認識の考え方を接合させれば、言語を中心軸とした文化との関係を切り出せるような感触があった。

福井勝義先生の共同研究会に参加して、ジバーリ部族の空間概念と聖者認識を結びつけようとしていたとき、ある言語学者から「それは無理だ」と言われたことがある。このことばに刺激されて書きあげた学位論文では、言語人類学的な方法によってジバーリ部族方言をあつかった。同論文では、従来の言語相対説のように言語構造から一方向的に文化構造を見ていくのではなく、歌や物語も言語と文化を介在するものととらえ、言語的認識が言語的実践を通じて日常的に社会化されていく過程をもとりこんでいくことで、ジバーリ社会における言語と文化の関係を双方向的な循環的なものとして提示した。

論文審査の主査であった庄垣内正弘先生のことばは今でも忘れない。「とてもおもしろいが日本の言語学界では評価されないだろうから、海外の学会で発表しなさい」というものだった。日本には言語と文化の関係に本気でとりくんでいる言語学研究者はほとんどいないし、フィールド調査からの視点となるとさらになかった。認知言語学を適用するだけで精一杯という状況だった。日本では英語学者が言語学の主要部分を牽引してきたという事情があり、英語圏での学問的潮流にすなおに反応してしまう。

ジバーリ部族の空間概念の分析からスタートしたこともあり、ドイツのマックスプランク研究所で実施中だった世界中の言語における空間表象と語彙に関するプロジェクトの進展に注目していた。このプロジェクトでは驚くべき発見があった。各言語の相対的方位に関する膨大なデータやそれに基づく実験的観測データの収集により、もっとも基本的な身体的な方位感覚としての右や左のない言語が存在することがわかったのだ。もちろんそのような言語でも右や左にあたるものを指示できないわけではなく、別の手段を用いて表現している。

つまり、認知言語学あるいは認知理論の前提となる立論では、人間は自らの身体性を基礎としてそのレトリック的展開として表現が展開していくとされるが、前記の発見が正しいとすると、言語として発現する前段階において身体性以前の知的プロセスが作用していることになる。このような言語化以前の初源的な言語様態について考えるならば、われわれが日常的に使っている形式としての各言語は身体性を基盤とする展開がそこに発現しているとみなさなければならない。

われわれが日常的に使う言語は、アナログ的な概念（意味）と形式文法として文を無限に生成するデジタル的な演算処理が接合されたものであり、ミクロなレベルでの日常的実践による社会化と、マクロなレベルでの日常的あるいは慣習的実践（歌、儀礼、物語行為など）によって共有化つまり社会化されたものだ。その相互作用の中に言語相対的文化認識の様相を記述できるのではないか。

理論的にはモデル中にふたつの変項を設定できる。ひとつはミクロなレベルの経験による社会化に関与する自然や社会（人間関係）にからむ環境であり、もうひとつはマクロなレベルでの社会化に関与する外部メモリーシステムとしての言語メディア（口承性や文字化）だ。

ミクロなレベルの認知プロセスへの関与については認識人類学による知見が、日常的実践による社会化への関与についてはブルデュー以来の人類学的知見がある。マクロなレベルにおける思考様式への関与についてはウォルター・オングによる先行研究があり、言語メディアによる制約性と情報学的展開が指摘されている。

モデルを提示した次の段階としては、ふたつの変項が言語活動の文化的実践としてどのように作用し、文化的実践の類型を発現させているかについての研究が必要になる。近著『ヴェニスの商人の異人論』では、世界中から集めた人肉一ポンドモティーフについて、シャイロック民話のモティーフが持つ普遍的意味を考察した。

また、新たな研究領域としてはオングの研究をさらに発展させ、他者認識における情報空間の拡大が自己／他者の文化的認識の様態をマルチ化させるプロセスについてもモデル化できるだろう。これに関しては、ミハイル・バフチンの文学論や情報学的知見を援用しながらオリエンタリズム的文学空間を分析し、その次の展開として、中世アラブ世界におけるアラビアンナイトをめぐる文化的認識としての日常的世界観の解明をめざして作業中だ。

「百の知識で十を語る」

『ヴェニスの商人の異人論』のあとがきに、「ディレッタントは十の知識で十を語るが、専門家は百の知識で十を語る」と書いた。その道の専門家となるのは大変だ。

アラビアンナイトの国際共同研究を実施していたとき、インディアナ大学からハサン・エルシャーミー先生を民博に招へいしたことがある。先生はエジプト生まれだがアラブ人研究者としてはめずらしくフォークロアや民話の研究をしており、アラブ世界の民話研究では第一人者だ。街角で何かを見かけるとすぐに、「今のはモティーフ番号何々番のできごとだね、さっきのは何々番だね」というぐあいにトンプソンのモティーフインデックス番号にあてはめて語りだす。

あの膨大なモティーフインデックスの番号と内容すべてを記憶していることに驚くと同時に、瞬時にモティーフをあてはめていく能力に圧倒された。民話研究の専門家になるならこれくらいでないとだめだよと、釘をさされているような気分になった。先生はその後、アラビアンナイト中の物語について話型の分類とモティーフ索引を上梓し、参照可能なすべてのアラブ民話のモティーフ索引という気の遠くなるような仕事も完成させた。まったく頭がさがる。

院生時代、コーランのアラビア語を分析対象にした論文を書きあげて得意に思っていたとき、一流のコーラン研究者は索引など使わない、ひとつの単語や一節があれば第何章の第何節か即座に言いあてないと、と言われて目の前がクラクラした。その後、コーランの言語学的分析から遠ざかったのは、コーランを憶えるのがいやだったわけではなく、フィールド調査のおもしろさに目覚めたからだが、日本のコーランやハディースの研究者でそこまでできる人はどれくらいいるのだろう。

ジバーリ部族の民話の中に人肉一ポンドモティーフを見つけて英文の報告書にした後は、この民話を踏み台にして部族社会における文化的他者認識つまり異人観について考察を進め、言語文化をめぐる言語人類学的理論を構築しながら書籍の形でまとめあげた（『アラブ・イスラム社会の異人論』世界思想社、二〇〇六）。

人肉一ポンドモティーフは、シェイクスピアの『ヴェニスの商人』で有名だが、実は世界中に広がっている。それらを分析して得るものはあるのだろうか？　あるいは普遍的に存在する何らかの原理を明らかにできるのだろうか？　自信もなければ充分な方法論も持ちあわせてはいなかった。だが、アラビアンナイト研究の補助的研究として民話モティーフのデータベースを作成したことや、それをもとにして物語生成システムについて考えてきたことが準備運動になってくれた。世界中の関連物語を集めては分析していくうちに、ひとつひとつのピースが大きなジグソーパズルになるように、すべての物語をうまくつなぎ合わせることができた。

同じモティーフを含む民話や物語を集め、時代別や地理別に分類することは時間と手間さえかければ誰にでもできる。問題はその先だ。ひとつのモティーフを基底として、なぜこれほどまでにバリエーションのある物語が生成するのだろうか？　そこには何らかの方向性があるのだろうか？あったとすると、なぜバリエーションが発生したのだろう？　さらに、物語が口承で語られることと、文字によって伝えられることの影響も考えないといけない。

その先には、なぜ世界中で同じモティーフを含む物語（民話）が伝えられているのかという民話研究者にとって最大の問題が待ちかまえており、人間にとって普遍的な物語とは何かという謎へとつながっている。しかもアラブ遊牧民の民話と『ヴェニスの商人』を同じ俎上に乗せて物語発生のメカニズムをさぐろうというのだ。

だがこの作業はわくわくするような思考実験の連続であり、むずかしいパズルを解くような、あるいは良質な推理小説を読み進むようなスリルを経験させてくれた。シェイクスピアは手垢のついた古いモティーフを基点とし、主題のコピー、付加的エピソードの追加による共鳴効果、登場人物の機能断片化などの念入りな作業を通じて、このモティーフが持つ潜在的意味を（彼にとっての）現代的主題へと変換している。まさに天才の妙技というにふさわしい。この意味で『ヴェニスの商人』でシェイクスピアが求めた主題は、従来のシェイクスピア研究者が考えていたものとは違うものだった。シェイクスピアは時代的な要請に基づきながら、物語全体を貫く主題に人肉一ポンドの潜在的意味を関与させ、包摂されるべき他者としてのシャイロックを描き出したのだった。

人肉一ポンドモティーフと日本

なぜ日本にはこのモティーフを含む話がないのだろう？　この疑問は小松和彦先生の『異人論』を読んで以来、頭から離れなかった。アラブ文化についてこのような本を書いてみたいとは思うのだが、それまでの経験を総動員して考えても、同書で展開されていた日本人の民俗心性としての異人観はアラブ世界にはあてはまりそうもない。

そこではたと思いついた。日本では同モティーフと類似した別のモティーフが機能しているのではないだろうか。日本には折口信夫のいう「まれびと」のように、集団の外部から現れた異人が富をもたらすという一連の民話があるのだが、その中には宿を乞うた異人を殺して金をとり、その因果が子孫にあらわれたというものや、異人そのものが金に姿を変えたというものが多い。

人肉一ポンドモティーフは、共通項を持たない他者と相対したとき、自らの言動の正しさを信用してもらうためにとるべき唯一の手段を提示している。このような個人と集団の関係を一方の極とするならば、もう一方の極には他者から肉体を提供されながらも、他者の存在自体を周辺化あるいは無化させることで既成の集団原理に従うような関係が想定できる。『ヴェニスの商人』のシャイロックはより高次の集団原理に他者として包摂されたが、村に富をもたらした異人は存在を無化さ

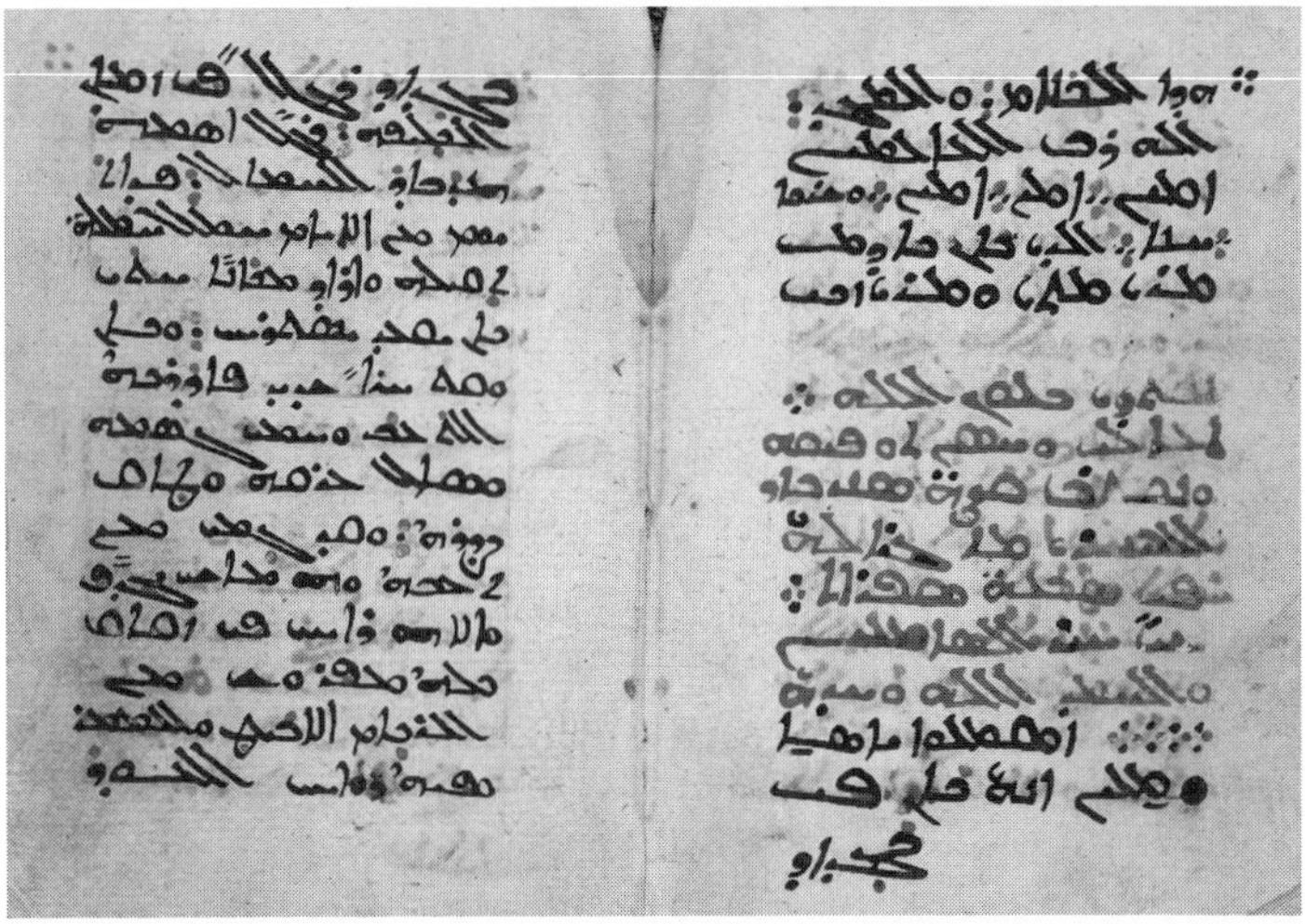

写真41　シンドバード航海記写本。シリア文字によるアラビア語（ガルシューニーと呼ばれる）で書かれている。アレッポのシリア正教会に保存されていた。西暦16～17世紀。新発見の写本だが現在は内戦のため所在不明

れる（殺される）ことによって当該集団内の平衡維持に寄与したのだと考えられる。

外界に対する人間の認知能力や情報を言語的に処理するシステム、それを記憶しておくメカニズムについて、人間には普遍的な機能があるとするならば、一回性あるいは一過性のできごとを物語化する作業とは、文化情報としてのパターンを察知して、エピソードとして言語化していく作業だといえるだろう。このパターン情報を類型化したものがモティーフであると考えられる。

モティーフは単独では存在せず、ほかのモティーフと対立あるいは相補的な関係にあって人間の文化的認識に類型的に関与していると思われる。すべてのモティーフに対して膨大な物語を類型的に再構築していけば、人間や人間社会の普遍性と文化的認

識についてて研究を進めることができるだろう。だがそのためには、膨大なデータを集積し解析していく理論枠と分析手法の開発が必要だろう。そのときにはじめて、人文科学的アプローチは自然科学的アプローチと融合して人間に関する総合科学となりえるのではないだろうか。

次の計画としては、人肉一ポンドモティーフを対象とした研究をアラビアンナイトという物語研究の場で再現したい。現在は、外典あるいは偽典テキスト伝承として無視されてきたアラビアンナイトの写本にとりくんでおり、誰もが知っているシンドバード航海記に注目している。この物語は、ガランが単独の写本からフランス語に翻訳し、『千一夜』の第三巻にいれたものだ。

また、キリスト教徒によって伝承されてきた写本も発見され、その内容が一般に知られているものとは相当に異なっていることもわかってきた。このような写本はシリアやイラクのキリスト教修道院や教会に残っていたのだが、近年のデジタル化作業を通じて再発見された。残念なことにそれらの写本を伝えてきた修道院や教会は、現在進行中の戦争によって永遠に失われてしまった。

これらの残された写本データをもとに、アラビアンナイトのテキスト伝承におけるキリスト教徒の役割を明らかにするとともに、アラビアンナイトという存在を「フォークロア的」かつ「アラブ的」かつ「イスラーム的」な存在として学問的に囲いこんできたこれまでの研究を解体し、もう一度中世アラブ社会の中でとらえなおしたいと思う。

あとがき

人文科学の領域では研究者の個人的な経験が、直接的間接的に学問の方向性に影響するのではないだろうか。「なぜだろう？」と感じる経験が積み重なるにつれて研究内容も豊かになる。だが社会科学や理系の研究に比べると、学問の成果を他の研究者と共有し、社会に還元するのはなかなかむずかしく、不可能に思えるときもある。

二年前、介護していた母をなくした。手足がおとろえるより先に、おそらくは脳梗塞のせいで徐々にことばを話せなくなり、そのうちに聞くことは理解しているようでも筆談さえできなくなっていった。この時ほど、言語学者としての自分の学問とはいったい何だったのかと悩み、無力感にうちひしがれたことはない。

通常の脳検査では言語に関わる部位には異常が認められなかったのだが、症状は日を追うごとに悪化していった。藁にもすがる思いでつてを頼り、有名な脳神経医に診てもらった。一般的に人間の言語中枢は脳の左側にあるのだが、その医師によると左利きの人の中には、脳の右側に言語中枢が存在する珍しいケースがあるらしい。左利きだった母の右脳には、脳梗塞によると思われる薄い影が写っていた。

だがそのような事実がわかったところで、リハビリで治療できるような段階ではなかった。もうあぶないという電話を受け、朝一番の新幹線に乗って母の最期をみとった。これでもかという声をあげて母に呼びかけたとき、大きく眼をみひらいた母と一瞬だが会話をかわしたように感じた。

幾千万のことばをついやしてもわかりあえないこともあれば、ことばなど必要としない人と人のつながりもある。人間が自分の身体性（肉体的存在）を担保とし、それとのひきかえに残すことば（遺言）には、絶対的真実が表出するのではないだろうか。

自爆テロの瞬間、当局からはテロリストと呼ばれ、首謀者グループからは英雄とたたえられた当の本人は、何を思いどんなことばを発したのだろう。そこには絶対的真実の断片が隠されているのだろうか。残念ながら今の私には、その答えをさぐる手段も能力もない。

こういう状況は小説家の領分なのだろう。それだけではなく、たがいに異なった社会や共同体に属していたり、個人の価値が異なっていたりする場合には、次元の違う問題が発生する（この問題については、拙著『ヴェニスの商人の異人論』の結語で述べたのでくり返さない）。

今はフィールドワークの現場が恋しい。シナイ半島のソブヒー一家はどうしているだろう。ストレスが主原因で左眼と左耳の機能を失って以来、体調のせいもあって三年このかた、海外調査はおろか飛行機にすら乗っていない。明日の見えない中東情勢のなか、おたがい生きているあいだに再会できるかどうかもわからない。だからこそ私には書く義務がある。

二年前に他界した鷲尾賢也さんといっしょに仕事をしたことがある。名編集者として知られた人だった。

講談社で「メチエ」のシリーズを立ち上げ、知的興奮に満ちた本を矢継ぎ早に出版していたころだったと思う。民博の広報に関わる出版物のレビューをお願いしたとき、「研究者ならば名刺がわりに新書の一冊ぐらい書きなさい！」と言われた。この一言は今でも鮮明に覚えている。

民博の初代館長を務めた梅棹忠夫先生は、新書など書くひまがあったら論文を書きなさいと言ったらしいが（ちなみに本人は名著としてロングセラーになっている新書をたくさん書いている）、今になって鷲尾さんの言葉の意味を考えるに、読者に迎合した売れ筋ではなく、自分が開拓した（あるいは開拓しようとしている）領域について、名刺代わりに誰にでもわたせるようなものを書きなさいということだったのだろう。

残念ながら鷲尾さんと本を出す機会にはめぐまれなかったが、しばらくして一冊の新書を書きあげた。人文科学では、書くことが何にもまして重要になる。理系の科学や他の社会科学と人文科学が大きく異なるのは、検証可能性の有無にある。どのような理論や分析手法を使ったとしても、人文科学者が導き出す結論は個人的見解の域を出ない。だからこそ他の学問領域以上に、議論の場としての共同研究や協働作業が有効になる。人文科学にたずさわる者は、自分の思考の足跡を文章にして他者と共有する覚悟を堅持しなくてはならないだろう。

フィールドワークは過酷で孤独な作業だ。その一方、調査に没頭しているときは楽しいし、ああでもないこうでもないと調査仲間と話しあう時間はもっと楽しい。人文科学にとっては、他の専門領域の人たちと考えをかわすことが何よりも大切だろう。

本書に登場した民族音楽学の水野信男先生、社会人類学の堀内正樹先生、計量文献学・修辞学の小田淳一先生とは何度も調査をともにし、よい影響をあたえあったと思う。彼らの存在がなければ私の研究はもっと貧弱でつまらないものになっていただろう。水野先生のおかげで音文化という世界に気づき、堀内先生のおかげで言語調査の先にある世界への視野が開け、小田先生のおかげで中東やイスラームの研究を包摂する広い世界に気づいた。

水野先生は私が出不精なことをよく知っていて、機会あるごとにベルリンフィルやウィーンフィルなどの演奏会にいざなってくれた。堀内先生からは、もう一歩ふみだせばもっとおもしろくなるのにと言われつづけているが、これは性分だからしかたがない。小田先生は幸運の女神（?）のような存在で、彼と同道中にはガラン訳初版も入手できたし、マルドリュスの墓も見つけることができた。ニューカレドニアのアラブ人村の存在を知ったのも彼の一言がきっかけだった。研究者としてもっとも活動的な時期に三人と研究できたことを感謝したい。

本書では、コーランのアラビア語の言語学的研究に始まり、アラブ遊牧民の言語人類学的研究をへて、アラビアンナイトをめぐる比較文明学的研究にいたり、さらにベリーダンスに関する音文化の研究からシェイクスピア研究という一見すると迷路に入りこんだかのような自らの軌跡をたどりながら、フィールドワークの現場で何を考えてきたかという視点に立ってそれぞれの研究のフェイズを一本の線につないでみた。この作業をとおして、めざすべき地点の見取り図を描きたかった。それぞれの研究の内容については、最小限のことしかふれなかったが、関心をもたれた方は、日本語で読める本ならびに論文を挙げておくので参考にしていただければ幸いである。

第一章

「神の選びたまいし言葉―アラブ・ナショナリズムと汎イスラミズムの中のアラビア語」庄司博史編『ことばの二〇世紀』ドメス出版、一九九九年。一一七―一三一頁。

第二章

「ジバーリ・アラビア語（エジプト・シナイ半島南部）の構造と系統」『国立民族学博物館研究報告』第三一巻二号、二〇〇七年。一五九―二二五頁。

第三章

『アラビアンナイト―文明のはざまに生まれた物語』（岩波新書）岩波書店、二〇〇七年。

『世界史の中のアラビアンナイト』（ＮＨＫブックス）ＮＨＫ出版、二〇一一年。

第四章

「ベリーダンスを踊ると体が笑う―アラブから世界へ」西尾哲夫・堀内正樹・水野信男編『アラブの音文化―グローバル・コミュニケーションへのいざない』スタイルノート、二〇一〇年。一九八―二一三頁。

「『コーラン（クルアーン）』とイスラム共同体（ウンマ）―儀礼的音声言語の社会的機能に関する言語情報学的考察」笹原亮二編『口頭伝承と文字文化―文字の民俗学　声の歴史学』思文閣出版、二〇〇九年。三五七―三七九頁。

第五章

『アラブ・イスラム社会の異人論』世界思想社、二〇〇六年。

第六章

『ヴェニスの商人の異人論―人肉一ポンドと他者認識の民族学』みすず書房、二〇一三年。

本書を世に出すまでに、編者の印東道子さん、関雄二さん、白川千尋さんには原稿段階で貴重なコメントをいただき、編集者の西之原一貴さんと工藤健太さんには本書を読みやすくする上で貴重な指摘をしていただいた。記して、感謝の言葉を述べておきたい。

最後に、ソブヒー一家もふくめてフィールドであったすべての人への感謝の言葉とともに筆をおきたい。みなさん、ありがとうございます。シュクラン・ジャズィーラン！

西尾哲夫

二〇一五年五月

西尾哲夫（にしお　てつお）

1958年香川県生まれ。京都大学大学院文学研究科博士課程修了。文学博士。国立民族学博物館民族社会研究部教授、総合研究大学院大学文化科学研究科教授。専攻は言語学・アラブ研究。アラブ遊牧民の言語文化に関する言語人類学的研究や、アラビアンナイトをめぐる比較文明学的研究に従事。主な著書に、『ヴェニスの商人の異人論——人肉一ポンドと他者認識の民族学』（みすず書房、2013年）、『世界史の中のアラビアンナイト』（NHK出版、2011年）、『アラビアンナイト——文明のはざまに生まれた物語』（岩波新書、2007年）などがある。

フィールドワーク選書 15

言葉から文化を読む
アラビアンナイトの言語世界

二〇一五年八月三十一日　初版発行

著者　西尾哲夫
発行者　片岡敦
印刷製本　亜細亜印刷株式会社

606-8204　京都市左京区田中下柳町八番地
発行所　株式会社 臨川書店
電話（〇七五）七二一—七一一一
郵便振替　〇一〇七〇—二—八〇〇

落丁本・乱丁本はお取替えいたします
定価はカバーに表示してあります

ISBN 978-4-653-04245-7 C0339

〔ISBN 978-4-653-04230-3 C0339　セット〕

フィールドワーク選書　刊行にあたって

編者　印東道子・白川千尋・関　雄二

人類学者は世界各地の人びとと生活を共にしながら研究を進める。何を研究するかによってフィールド（調査地）でのアプローチは異なるが、そこに暮らす人々と空間や時間を共有しながらフィールドワークを進めるのが一般的である。そして、フィールドで入手した資料に加え、実際に観察したり体験したりした情報をもとに研究成果を発表する。

実は人類学の研究でもっともワクワクし、研究者が人間的に成長することも多いのがフィールドワークをしているときなのである。フィールドワークのなかでさまざまな経験をし、葛藤しながら自身も成長する。さらにはより大きな研究トピックをみつけることで研究の幅も広がりをみせる。ところが多くの研究書では研究成果のみがまとめられた形で発表され、フィールドワークそのものについては断片的にしか書かれていない。

本シリーズは、二十人の気鋭の人類学者たちがそれぞれのフィールドワークの起点から終点までを描き出し、それがどのように研究成果につながってゆくのかを紹介することを目的として企画された。なぜフィールドワークをしたのか、どのように計画をたてたのかにはじまり、フィールドでの葛藤や予想外の展開など、ドラマのようなおもしろさがある。フィールドで得られた知見が最終的にどのように学問へと形をなしてゆくのかまでが、わかりやすく描かれている。

フィールドワークをとおして得られる密度の濃い情報は、近代化やグローバル化など、ともすれば一面的に捉えられがちな現代世界のさまざまな現象についても、各地の人びとの目線にそった深みのある理解を可能にしてくれる。また、研究者がフィールドの人々に受け入れられていく様子には、人間どうしの関わり方の原点のようなものをみることができる。それをきっかけとして、人工的な環境が肥大し、人間と人間のつながりや互いを理解する形が変わりつつある現代社会において、あらためて人間性とは何か、今後の人類社会はどうあるべきなのかを考えることもできるであろう。フィールドワークはたんなるデータ収集の手段ではない。さまざまな思考や理解の手がかりを与えてくれる、豊かな出会いと問題発見の場でもあるのだ。

これから人類学を学ぼうとする方々だけでなく、広くフィールドワークに関心のある方々に本シリーズをお読みいただき、一人でも多くの読者にフィールドワークのおもしろさを知っていただくことができれば、本シリーズを企画した編集者一同にとって、望外の喜びである。

（平成二十五年十一月）

アラブのなりわい生態系

全10巻

責任編集―縄田浩志　編―石山俊・市川光太郎・坂田隆
中村亮・西本真一・星野仏方

1『自然と人間の相互作用環』
2『ナツメヤシ』　本体 3,600円+税
3『マングローブ』　本体 3,600円+税
4『外来植物メスキート』　本体 3,600円+税
5『サンゴ礁』　本体 3,600円+税
6『ヒトコブラクダ』
7『ジュゴン』　本体 3,600円+税
8『モロコシとトウジンビエ』
9『篤農家と地域社会』
10『現生人類はキーストーン種か？』

＊四六判上製 平均320頁／白抜は既刊
＊タイトルは一部変更になる場合がございます

ISBN978-4-653-04210-5（セット）